Arbeitsblätter für Hotelfachleute

von

StD Dipl.-Gwl. F. Jürgen Herrmann,
Dresden und Lörrach

unter Mitarbeit
von
Ökonom-Pädagogin Andra Becker-Querner, Dresden
Serviermeisterin Ingrid Friebel, Radeburg

Gutachter
Staatlich geprüfter Hotelbetriebswirt Marian Kerger, Dresden
Hotelmeisterin Britta Witt, Halle

Handwerk und Technik Hamburg
Fachbuchverlag Leipzig

Inhalt

Grundlagen

1. Berufsanforderungen, Stellenbeschreibungen
2. Arbeitssicherheit
3. Erste Hilfe

Beratung und Verkauf im Restaurant (I)

4. Essgewohnheiten
5. Speisenzusammenstellungen
6. Vegetarische Speisen
7. A-la-carte-Speisen
8. Zwischenmahlzeiten
9. Vorspeisen
10. Gemüsebeilagen
11. Speisen aus gekochten Kartoffeln
12. Frittierte Kartoffelspeisen
13. Gebackene und gebratene Kartoffelspeisen
14. Suppen
15. Helle Saucen
16. Dunkle Saucen
17. Kalte Saucen
18. Eierspeisen
19. Große Braten
20. Rindfleischsteaks
21. Kurzbratspeisen
22. Fischspeisen
23. Geflügelspeisen
24. Wildspeisen
25. Salate
26. Käsespeisen
27. Obstsalate, Eisspeisen
28. Garnituren
29. Korrespondierende Getränke
30. Bier
31. Wein
32. Spirituosen
33. Servierkunde
34. Test

Marketing (I)

35. Bedürfnisse, Wünsche, Kaufmotive
36. Markt
37. Ziele und Aufgaben des Marketings
38. Marketing-Instrumente, Marketing-Mix
39. Erzeugnisse und Leistungen
40. Werbemittel
41. Verkaufsförderung
42. Öffentlichkeitsarbeit
43. Test

Wirtschaftsdienst (I)

44. Aufgaben des Wirtschaftsdienstes
45. Werkstoffe
46. Geschirr
47. Bestecke
48. Serviergeräte
49. Textilfaserstoffe
50. Reinigungs- und Pflegemittel
51. Wäschepflege
52. Gästezimmer
53. Raumpflege
54. Test/Rätsel

Warenwirtschaft (I)

55. Warenwirtschaft
56. Warenbedarf und Warenbeschaffung
57. Rechtsgeschäfte, Zahlungsverkehr
58. Grundlagen der Buchführung
59. Inventur
60. Inventar
61. Bilanz
62. Test/Rätsel

Empfang (II)

63. Mitarbeiter im Empfangsbereich
64. Informations-, Kommunikations- und Organisationsmittel
65. Zimmerreservierung
66. Gästeanreise
67. Empfang eines VIP-Gastes
68. Gruppenreservierung
69. Zimmerausweis und Schlüsselkarten
70. Gästebetreuung
71. Nachrichtenannahme
72. Bearbeiten von Nachrichten
73. Gästeabreise
74. Buchen von Leistungen im Hoteljournal
75. Gästezimmerabrechnung
76. Reklamationen
77. Test/Rätsel

Verkauf (II)

78. Gäste und Gastlichkeit
79. Umgang mit Hotelgästen
80. Verkaufsarten
81. Verkaufsgespräch
82. Verkauf von Beherbergungsleistungen
83. Hotelpreise
84. Verkauf von Tagungstechnik und Tagungsversorgung
85. Verkauf von Tagungen
86. Beherbergungsvertrag
87. Bankett als gastronomisches Angebot
88. Durchführung eines Banketts
89. Speisenfolgen als Angebotsform
90. Zusammenstellung von Speisenfolgen
91. Festmenü
92. Büfetts
93. Büfetts zu festlichen Anlässen
94. Schriftverkehr mit Gästen
95. Rechtsvorschriften
96. Test/Rätsel

Marketing (II)

97. Organisationsmittel, Kontrollarbeiten
98. Hotelklassifizierung
99. Budgetierung
100. Stärken-, Schwächenanalyse
101. Verkaufsförderung
102. Angebote für Busreisende
103. Events
104. Wellness-Hotel
105. Fiesta espanol
106. Test/Rätsel

Führungsaufgaben im Wirtschaftsdienst

107. Motivation, Führungsstil, Training
108. Erstellen eines Etagen-Dienstplanes
109. Organisationsmittel, Kontrollarbeiten
110. Test/Rätsel

1 Berufsanforderungen, Stellenbeschreibungen

Der Arbeitsbereich der Hotelfachleute gliedert sich in die Teilbereiche **Empfang**, **Büro** und **Halle**.

1 Ordnen Sie den Arbeitsbereichen die dort tätigen Mitarbeiter zu.

Empfangstresen	Büro	Hallenbereich

2 Beschreiben Sie wichtige Arbeitsaufgaben der Hotelfachleute, indem Sie die Übersicht ausfüllen.

Mitarbeiter	Aufgaben
Empfangssekretär/in	
Kassierer/in	
Nachtkassierer	
Chefportier	
Türsteher	
Hausdiener	
Reservierungssekretär/in	
Telefonist/in	

Name: Klasse: Datum:

2 Arbeitssicherheit

In der Arbeitspraxis wiederholen sich bestimmte Unfallarten immer wieder. Deshalb sind Regeln zur Einhaltung der Arbeitssicherheit stets einzuhalten.

1 Ordnen Sie den aufgeführten Unfallquellen im Hotel eigene Beispiele für Gefahren zu.

- Elektrogeräte:
- Fußboden:
- Treppen:
- Herumstehende Geräte:
- Offene Türen:
- Beleuchtung:
- Offenes Feuer:
- Wellnessbereich:

2 Erklären Sie die beiden Begriffe:

- Sprinkler-Anlage:

- Feuerschutztüren:

3 Erklären Sie die folgenden Sicherheitsprüfzeichen an Elektrogeräten.

- Sicherheitsprüfzeichen

- Sicherheitsprüfzeichen

4 Im vergangenen Jahr hatten von insgesamt 23 Hotelmitarbeitern vier einen Betriebsunfall.

4.1 Berechnen Sie die prozentualen Betriebsunfälle.

4.2 Durch die Betriebsunfälle entstanden im Jahr insgesamt 151 Krankheitstage. Wie viel Prozent der Arbeitszeit waren das, wenn man die durchschnittliche Jahresarbeitszeit eines Mitarbeiters mit 260 Tagen annimmt?

3 Erste Hilfe

Hotelfachleute müssen in der Lage sein, sich und anderen Mitarbeitern bei kleineren Arbeitsunfällen sowie Gästen zu helfen. Es kommt darauf an, das Richtige zu tun und rechtlichen Verpflichtungen im Arbeitsschutz nachzukommen.

1 Tragen Sie die notwendigen Erste-Hilfe-Maßnahmen in die Übersicht ein.

Arbeitsunfall	Erste-Hilfe-Maßnahmen
Verbrennungen	
Schnitt- und Stichverletzungen	
Verätzungen	
Augenverletzungen	
Verstauchungen und Knochenbrüche	
Stoß- und Quetschverletzungen	
Erschöpfungszustände	
Bewusstlosigkeit	

Gefährdete Körperteile:
- Kopf und Hals 10 %
- Augen 36 %
- Arme 11 %
- Rumpf 7 %
- Hände 40 %
- Beine 12 %
- Füße 17 %

2 Wer darf Erste Hilfe leisten?

3 Wer muss informiert werden? Welche Mitteilungen und Dokumentationen sind notwendig?

Name: Klasse: Datum:

4 Essgewohnheiten

Viele Menschen wissen, dass Wohlbefinden und Leistungsfähigkeit durch die Kostgestaltung günstig beeinflusst werden können. Leider werden noch zu wenige persönliche Schlussfolgerungen gezogen.

1 Beurteilen Sie die tägliche Mahlzeiteneinnahme in Deutschland.

- 1. Frühstück:

- 2. Frühstück:

- Mittagessen:

- Nachmittags-
  kaffee (-tee):

- Abendessen:

2 Fertigen Sie ein Säulendiagramm über die empfohlene Verteilung der Tagesenergiemenge über fünf Tagesmahlzeiten. Gehen Sie vom eigenen Energiebedarf aus.

Tagesenergiemenge in % Beispiel: Jugendlicher (25 Jahre) Gesamtbedarf 11 000 kJ

	1. Frühstück	2. Frühstück	Mittagessen	Nachmittags-kaffee (-tee)	Abendessen
30			30 %		
25	25 %				25 %
20					
15					
10		10 %		10 %	
5					
0					

3 Wodurch sind deutsche Verzehrgewohnheiten gekennzeichnet?

4 Lassen sich bei den Essgewohnheiten in den letzten Jahrzehnten Wandlungen erkennen?

5 Erklären Sie die Begriffe Trendgerichte und Trendgetränke.

5 Speisenzusammenstellungen

Durch die fachgerechte Kombination von Speisenteilen lässt sich der kulinarische Wert einer Mahlzeit erhöhen. Den Gästen können außerdem unterschiedliche Geschmacksvariationen angeboten werden.

1 Erklären Sie den Unterschied zwischen einer Speise und einem Gericht.

- Speise:
- Gericht:

2 Nennen Sie unterschiedliche Gesichtspunkte für die Zuordnung von Gemüsebeilagen.

3 Ordnen Sie den Hauptteilen eines Gerichts geschmacklich passende Gemüsebeilagen beispielhaft zu.

Namensgebender Speisenteil	Geschmacklich passende Gemüsebeilagen warm	kalt
Schweinebraten		
Lammbraten		
Kalbsbraten		
Gänsebraten		
Gebratenes Masthuhn		
Gegrillte Hechtschnitte		
Pochiertes Heilbuttfilet		
Spiegeleier		

4 Wie reagieren Sie auf die dargestellten berechtigten Reklamationen?

- Ich warte jetzt bereits 20 Minuten auf die Rouladen!
- Ich hatte Spargel zum Kalbsbraten bestellt!
- Der Eintopf ist fast kalt!

5 Rindergulasch mit Rosenkohl und Kartoffelklößen wird wie folgt kalkuliert: 160 % Gemeinkosten, 10 % Gewinn, 15 % Bedienungszuschlag, gesetzliche Mehrwertsteuer. Wie ist der Kartenpreis, wenn der Materialpreis 3,14 € beträgt?

Name: Klasse: Datum:

6 Vegetarische Speisen

Die seit über 50 Jahren propagierte vegetarische Ernährungsform wird nach den Fleischskandalen immer populärer, wobei unter Verwendung von Eiern und Milcherzeugnissen hergestellte Speisen eine ernährungsphysiologisch hochwertige Kost ermöglichen.

1 Im zunehmenden Maße wünschen Gäste vegetarische Speisen. Welche Gründe gibt es dafür?

2 Vervollständigen Sie die Übersicht mit ausgewählten vegetarischen Lebensmitteln.

kohlenhydratreich	fettreich	eiweißreich

3 Zeigen Sie die Grenzen des Angebots von vegetarischer Kost in der Gastronomie auf.

4 Begründen Sie, dass die ovo-lakto-vegetabile Kost im Gegensatz zur rein vegetarischen Kost eine vollwertige gesundheitsfördernde Ernährung bietet.

5 Stellen Sie Vor- und Nachteile der ovo-lakto-vegetabilen Kost im Vergleich mit der gemischten Vollkost zusammen.

	Gemischte Vollkost	Ovo-lakto-vegetabile Kost
Vorteile		
Nachteile		

7 A-la-carte-Speisen

Das A-la-carte-Geschäft erfordert eine enge Zusammenarbeit zwischen Küche und Service. Das Sortiment entnehmen die Gäste Speisekarten oder Angebotstafeln.

1 Was verstehen Sie unter A-la-carte-Service?

2 Begründen Sie die enge Zusammenarbeit zwischen Küche und Service an zwei Beispielen.

1. Beispiel:

2. Beispiel:

3 Stellen Sie Regeln zum Anrichten von A-la-carte-Speisen zusammen, indem Sie die Textlücken ausfüllen.

■ **Anordnung:** Der Tellerrand bleibt stets _____. Der namensgebende Speisenteil wird zuerst angerichtet. Dann folgen gegen den Uhrzeigersinn zunächst die _____ beilage, dann die _____ beilage. _____ kommen Garnierungen auf den Teller. ■ **Farbspiel:** Kontrastreiches Gemüse nebeneinander legen. Dem Farbkontrast können auch frische _____ dienen.

4 Welche Vorbereitungsarbeiten sind durch die Servierkräfte an der Annonce/am Pass durchzuführen?

5 Übersetzen Sie das Gespräch ins Deutsche.

Avez-vous déjà choisi, Monsieur?

Est-ce que ce sont des portions pour une petite faim?

Non, mais nous vous servons volontiers une demi-portion.

6 Rehrücken wird A-la-carte mit 150 g Fleischeinsatz kalkuliert. Im Gedeck sind nur 100 g, im 4-Gang-Menü gar nur 80 g vorgesehen. Ermitteln Sie die jeweilige prozentuale Minderung gegenüber der A-la-carte-Speise.

Name: Klasse: Datum:

8 Zwischenmahlzeiten

Zwischenmahlzeiten werden zwischen den drei Hauptmahlzeiten gereicht. Daraus ergeben sich Schlussfolgerungen für die Zutatenauswahl und die Portionsmengen.

1 Geben Sie einen Überblick über die Stellung der unterschiedlichen Zwischenmahlzeiten innerhalb der täglichen Mahlzeitenfolge.

Frühstück	Mittagessen	Abendessen

2 Übersetzen Sie die französischen und englischen Fachbegriffe.

- second breakfast:
- snack:
- goûter:

- deuxième petit déjeuner:
- afternoon coffee:
- afternoon tea:

3 Beurteilen Sie die ernährungsphysiologische Funktion der Zwischenmahlzeiten.

4 Übersetzen Sie das folgende Verkaufsgespräch.

Bild 1: Can you recommend a snack?

Bild 2: Well Sir, what about a second breakfast.

Bild 3: Oh, I take it. May I get a cup of tea with milk, please?

5 Der Nachmittagskaffee wird folgendermaßen angeboten:

> *Einladung:*
> Frisch gebrühter Kaffee so viel Sie wollen!
> Dazu zwei Stück hausgemachter Kuchen Ihrer Wahl.
> 4,40 €

6 Erklären Sie die Bezeichnung Snack.

Ermitteln Sie den Materialpreis, wenn mit einem Kalkulationsfaktor von 2,9 gerechnet wird.

9 Vorspeisen

Vorspeisen sind kalter und warmer Bestandteil von Speisenfolgen. Sie fungieren auch als kulinarisch anspruchsvolle Imbissspeisen.

1 Sortieren Sie die folgenden Vorspeisenarten nach der Serviertemperatur in kalte und warme Speisen, wobei Doppelnennungen möglich sind. Ergänzen Sie danach für jede Vorspeisenart ein spezielles Speisenbeispiel.

Aspikspeisen, Aufläufe, Canapés, Cocktails, Eierspeisen, Galantinen, Happen, Krapfen, Kroketten, Pasteten, Pfannkuchen, Spießchen, Würstchen, Gemüsespeisen

Kalte Vorspeisen Art	Beispiel	Warme Vorspeisen Art	Beispiel

2 Nennen Sie Eigenschaften der kalten und warmen Vorspeisen.

3 Für warme Vorspeisen eignen sich u.a. folgende Zutaten: Geflügel, Wild, Schlachtfleisch und Fisch. Ordnen Sie jeder Zutat eine typische warme Vorspeise zu.

- Geflügel:
- Wild:
- Schlachtfleisch:
- Fisch:

4 Beurteilen Sie die Eignung der vorgeschlagenen Vorspeise im Menü und nennen Sie evtl. ein eigenes Beispiel.

> Jägersuppe
> ❖
> Kaninchenfilets
> ❖
> Kalbsnuss Gärtnerinart
> ❖
> Aprikosenparfait

5 Eine warme Vorspeise steht mit einem Preis von 7,60 € auf der Karte. Wie hoch ist der Materialpreis, wenn mit einem Kalkulationsfaktor von 3,6 gerechnet wird?

Name: Klasse: Datum:

10 Gemüsebeilagen

Gemüsespeisen werden traditionell vielfältig zubereitet. Allerdings bevorzugt die moderne Küche kurze Garverfahren, bei denen der Wirkstoffgehalt erhalten und der Energiegehalt überwiegend gering bleiben.

1 Begründen Sie, dass Dünsten das bevorzugte Garverfahren für Gemüse darstellt.

2 Beschreiben Sie die folgenden Zubereitungen für Gemüse.

Verfahren	Arbeitsschritte
Dünsten	
Naturell zubereiten	
Kochen	
Glasieren	
Gratinieren	

3 Stellen Sie die Merkmale der folgenden Gemüsespeisen zusammen und nennen Sie Beispiele.

Gemüsebezeichnung	Herstellungmerkmale	Gemüsebeispiele
Bauernart		
Béchamel		
deutsche Art		
englische Art		
holländische Art		
Mornay		
Orly		
polnische Art		

4 Zum Menü werden 16 Portionen Spargel benötigt. Eine garfertige Portion soll 250 g wiegen. Wie viel Spargel muss eingekauft werden, wenn mit einem Schälverlust von 38 % zu rechnen ist?

11 Speisen aus gekochten Kartoffeln

In diesen Sättigungsbeilagen sind durch die einfache Zubereitung weniger tiefgreifende Nährstoffveränderungen zu verzeichnen. Das Angebot von gekochten Kartoffelbeilagen lässt sich durch einfache Vollendungsarbeiten gut variieren.

1 Ordnen Sie jeder der drei Kartoffelsorten typische Verwendungsmöglichkeiten zu.

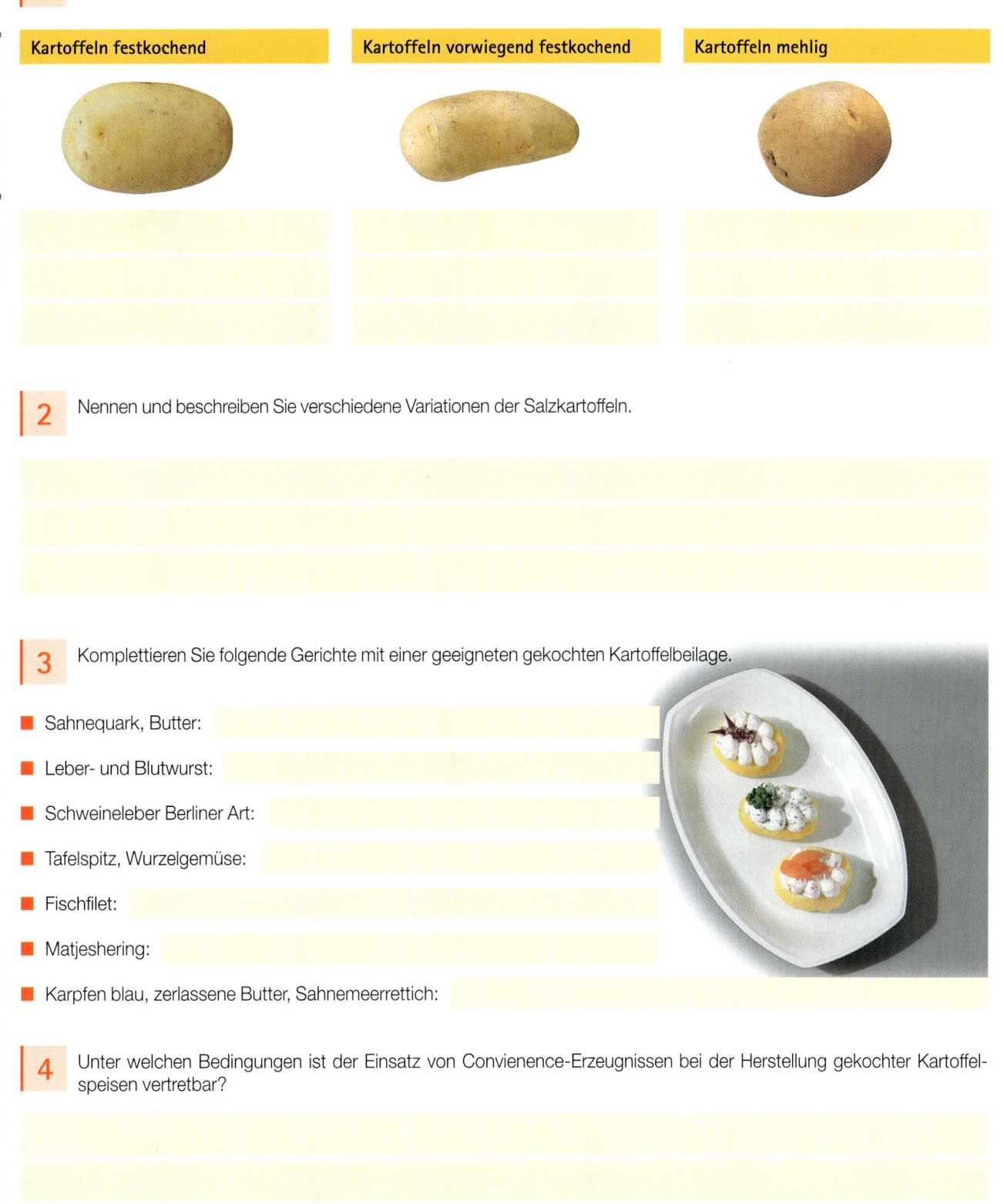

Kartoffeln festkochend	Kartoffeln vorwiegend festkochend	Kartoffeln mehlig

2 Nennen und beschreiben Sie verschiedene Variationen der Salzkartoffeln.

3 Komplettieren Sie folgende Gerichte mit einer geeigneten gekochten Kartoffelbeilage.

- Sahnequark, Butter:
- Leber- und Blutwurst:
- Schweineleber Berliner Art:
- Tafelspitz, Wurzelgemüse:
- Fischfilet:
- Matjeshering:
- Karpfen blau, zerlassene Butter, Sahnemeerrettich:

4 Unter welchen Bedingungen ist der Einsatz von Convienence-Erzeugnissen bei der Herstellung gekochter Kartoffelspeisen vertretbar?

Name: Klasse: Datum:

12 Frittierte Kartoffelspeisen

Die Palette der frittierten Kartoffelbeilagen lässt sich durch unterschiedliche Schnittformen erweitern.

1 Benennen Sie die abgebildeten Schnittformen mit der französischen Fachbezeichnung.

Streichholzkartoffeln	Waffelkartoffeln	Strohkartoffeln	Kartoffelscheiben

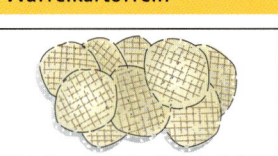

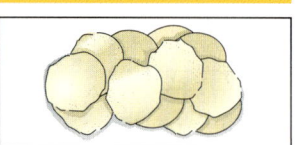

Stäbchenkartoffeln	Kartoffelwürfel	Kartoffelstäbe	Mignonkartoffeln

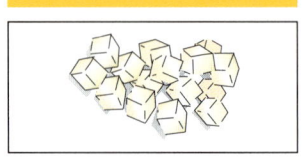

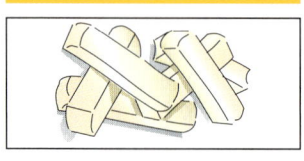

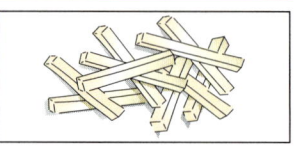

2 Komplettieren Sie die Gerichte mit frittierten Kartoffelbeilagen.

- Schweinerückensteak, _____, grüne Salate
- Wiener Schnitzel, Zuckerschoten, _____
- Gebackene Lammkoteletts, Butterbohnen, _____
- Filetspieß, _____
- Backhendl, _____, kleine Salatplatte
- Backfisch, Ketchup, _____

3 Beurteilen Sie den ökonomischen und ernährungsphysiologischen Wert der genannten Kartoffelzubereitungen.

4 Beurteilen Sie die Gefahren durch Acrylamid beim Frittieren von Kartoffeln.

5 Ermitteln Sie den Energiewert einer Portion Pommes frites mit folgenden Nährstoffen je 100 g:
- Eiweiß 4,2 g
- Fett 14,5 g
- Kohlenhydrate 35,7 g

13 Gebackene und gebratene Kartoffelspeisen

Gebackene und gebratene Kartoffelbeilagen haben einen hohen Genusswert, aber auch einen beachtlichen Energiewert.

1 Ordnen Sie die folgenden Kartoffelbeilagen in die Übersicht ein:

Bäckerin-Kartoffeln, Bratkartoffeln, Folienkartoffeln, Röstkartoffeln, Anna-Kartoffeln, Zwiebelkartoffeln, Florentiner Kartoffeln, Berner Rösti, Herzoginkartoffeln, tournierte Kartoffeln, Kartoffelgratin, Macaire-Kartoffeln

Gebackene Kartoffelspeisen	Gebratene Kartoffelspeisen

2 Ordnen Sie die Buchstaben der Arbeitsschritte zur Herstellung von Folienkartoffeln nach der technologischen Folge.

A Folie öffnen und Kartoffeln kreuzweise einschneiden.
B Gleichmäßig große Kartoffeln (etwa je 250 g) waschen.
C Kartoffeln in Alufolienquadrate wickeln.
D Jede Kartoffel nach unten etwas zusammendrücken.
E Je nach Größe etwa 60 min bei 250 °C backen.
F Kartoffeln füllen.

3 Erklären Sie den Unterschied zwischen Bratkartoffeln und Lyoner Kartoffeln.

■ Bratkartoffeln:

■ Lyoner Kartoffeln:

4 Was verstehen Sie unter tournierten Kartoffeln? Beschriften Sie die angegebenen Formen deutsch und französisch.

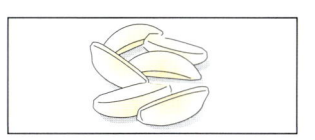

5 25 Portionen geschälte Kartoffeln zu je 150 g werden benötigt. Ermitteln Sie die Menge ungeschälter Kartoffeln, gerundet auf ganze kg, wenn mit einem Schälverlust von 24 % gerechnet wird.

Name:　　　　　　　　　　　Klasse:　　　　　Datum:

14 Suppen

Suppen sind Bestandteil von Speisenfolgen oder können im Alltag vortrefflich als Zwischenmahlzeiten fungieren. Sie erfüllen die Merkmale von Imbissspeisen.

1 Ordnen Sie den unterschiedlichen Suppenarten je vier Beispiele zu.

Klare Suppen	Gebundene Suppen

2 Beurteilen Sie die vorgeschlagenen Bindungsarten für Suppen und ergänzen Sie diese durch Beispiele.

- Stärke
- Sago
- Mehl
- Mehlbutter
- Mehlschwitze

- Liaison
- Linsen
- Geriebenes Schwarzbrot

3 Welche der beiden oben aufgeführten Suppenarten eignet sich besonders gut als Imbissspeise? Begründen Sie Ihre Meinung.

4 Nennen Sie weitere Gründe, die für das Angebot von Suppen sprechen.

5 Wodurch lassen sich insbesondere klare Suppen komplettieren?

6 Wie viele Portionen lassen sich aus 5,5 l Suppe bei den folgenden Ausgabemengen herstellen?

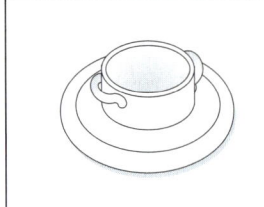

Suppentassen 0,2 l	Suppentassen im Menü 0,15 l	Teller 0,25 l	Suppenterrinen 0,6 l

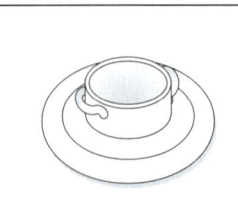

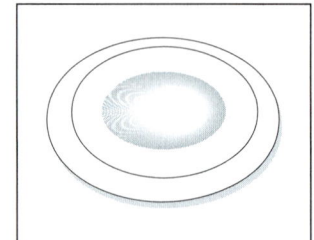

15 Helle Saucen

Bei den hellen warmen Saucen sind nach der Herstellung weiße Grundsaucen und die Béchamel-Sauce zu unterscheiden.

1 Vervollständigen Sie die Übersicht über die hellen Grundsaucen und tragen Sie die französischen Bezeichnungen ein.

Helle Grundsaucen			
Kalbsgrundsauce	Geflügelgrundsauce	Fischgrundsauce	Gemüsegrundsauce
🇫🇷	🇫🇷	🇫🇷	🇫🇷
Mehlschwitze +	Mehlschwitze +	Mehlschwitze +	Mehlschwitze +

2 Nennen Sie jeweils die Verfeinerungen und wichtige geschmackliche Ableitungen der Kalbs-, Geflügel- und Fischgrundsaucen.

Grundsauce	Verfeinerung	Geschmacksvarianten
Kalbsgrundsauce		
Geflügelgrundsauce		
Fischgrundsauce		

3 Beschreiben Sie die Herstellung einer weißen Sauce, indem Sie geeignete Bildunterschriften zuordnen.

4 Beschreiben Sie die Herstellung der Béchamel-Sauce, indem Sie den Bildern geeignete Unterschriften zuordnen.

Name: Klasse: Datum:

16 Dunkle Saucen

Arteigene Saucen bestimmen im hohen Maße die Qualität von Fleischspeisen. Als Qualitätskriterien gelten arteigener Geschmack, Konsistenz und Farbe.

1 Geben Sie einen Überblick über wichtige braune Saucen, indem Sie die Übersicht ausfüllen.

Braune Kraftsauce	Bratensaucen
■ Ableitungen:	■ Arten:

2 Erklären Sie kurz die Merkmale der folgenden Ableitungen:

- Burgunder-Sauce:
- Jägersauce:
- Madeira-Sauce:
- Robert-Sauce:
- Braune Rahmsauce:

3 Unterscheiden Sie die verschiedenen Bratensaucen nach Farbe und Konsistenz.

- Rind:
- Lamm:
- Kalb:
- Schwein:
- Wild:
- Geflügel:

4 Erklären Sie anhand der Bilder die Farbgebung bei der Herstellung brauner Saucen.

5 Für 1 kg industriell hergestellten Fleischextrakt werden 30 bis 40 kg Rindfleisch verarbeitet. Wie viel Fleisch würden 12 g Fleischextrakt mindestens entsprechen?

17 Kalte Saucen

Kalte Saucen werden in der kalten Küche vielfach verwendet. Sie eignen sich besonders gut, um Imbissspeisen zu komplettieren. Dabei finden immer mehr fettärmere Varianten bei den Gästen Zuspruch.

1 Vervollständigen Sie die Übersicht über kalte Saucen, indem Sie die deutschen Fachbegriffe ergänzen.

- mayonnaises _____
- dips _____
- sauces vinaigrette _____
- sauces aromatiques _____

2 Warum werden Würzsaucen auch als englische Saucen bezeichnet?

_____

3 Beurteilen Sie den besonderen Wert der kalten Saucen für die Ernährung, indem Sie besondere Merkmale eintragen.

- Mayonnaisen: _____
- Essig-Öl-Saucen: _____
- Dip-Saucen: _____
- Würzsaucen: _____

4 Warum werden Würzsaucen allgemein fertig bezogen und nicht in der Küche selbst hergestellt?

_____

5 Tragen Sie die Grundbestandteile der vier klassischen Salatsaucen in die Übersicht ein. Ergänzen Sie übliche fremdsprachige Bezeichnungen.

Klassische Salatsauce	Wichtige Zutaten
Essig-Öl-Salatsauce	
Französische Salatsauce	
Italienische Salatsauce	
Amerikanische Salatsauce	

Name: Klasse: Datum:

18 Eierspeisen

Eier haben bei entsprechender Zubereitung eine gute Verdaulichkeit und ermöglichen zahlreiche Zubereitungsvarianten. Sie gehören traditionell zum abwechslungsreichen Frühstück und finden als Imbissspeisen Verwendung.

1 Zählen Sie Arten von Eierspeisen auf, die sich besonders als Imbissspeisen eignen.

2 Beurteilen Sie den Ernährungswert von Eierspeisen.

3 Frau Meier gehört zu den guten Stammgästen. Sie meidet alle Eierspeisen wegen der Salmonellengefahr. Gibt es Argumente, die Frau Meier die Angst nehmen?

... das Ei ist OK!

4 Nennen Sie Eierspeisen, die vorzugsweise als Frühstücksspeisen angeboten werden, und stellen Sie die angewandten Garverfahren jeweils voran.

5 Worin besteht der Unterschied zwischen einem Omelett und einem Eierkuchen (Pfannkuchen)?

6 Ein Bauernomelett hat einen Materialpreis von 1,72 €. Der Inklusivpreis beträgt 5,85 €. Ermitteln Sie den Kalkulationsfaktor.

19 Große Braten

Große Braten werden bei festlichen Essen, bei kalt-warmen Büfetts als kulinarische Höhepunkte angesehen. Sie sind deshalb besonders sorgfältig und in fachgerechter Temperaturführung herzustellen.

1 Nennen Sie typische große Braten und die verwendeten Fleischteile.

2 Begründen Sie die folgenden Arbeitstätigkeiten beim Braten großer Fleischstücke:

Arbeitsschritte	Begründung
Fleisch im Fett scharf anbraten und auf den Punkt garen	
Fleisch herausnehmen und warm stellen	
Bratgemüse zugeben, ablöschen, reduzieren	
Bratenfleisch vor dem Anschneiden etwa 10 min ruhen lassen	
Das Aufschneiden erfolgt quer zur Faser	

3 Wie kann man die richtigen Temperaturen feststellen?

ohne Thermometer	mit Thermometer

4 Welche kalten Angebotsformen für Braten kennen Sie?

5 Ein Rinderfilet mit einem Einkaufsgewicht von 3,350 kg soll gebraten werden. Die Garverluste betragen 18 %. Wie viel Portionen zu 180 g stehen zur Verfügung, wenn mit einem Aufschneideverlust von 3 % zu rechnen ist?

Name: Klasse: Datum:

20 Rindfleischsteaks

Steaks sind die bei Gästen beliebten und besonders begehrten Kurzbratstücke.

1 Kurzbratstücke werden im Wesentlichen aus den abgebildeten Fleischteilen des Rindes geschnitten. Bezeichnen Sie diese.

2 Beschreiben Sie die besonderen Eigenschaften von Steakfleisch.

3 Ergänzen Sie die Merkmale der aufgeführten Kurzbratstücke.

Kurzbratstücke	Merkmale
Roastbeef Rumpsteak	
Entrecôte	
Sirloin-Steak	
Club-Steak	
Filet Filetsteak	
Chateaubriand	
Tournedos	
Filetmedaillon	
Filet mignon	
Keule Huftsteak	

4 Warum genügt es, auf die Speisekarte *Filetsteak* anstatt *Rinderfiletsteak* zu setzen?

5 Warum werden Rinderkotelett, T-Bone-Steak und Porterhouse-Steak nicht mehr angeboten?

6 Die Küche bezieht 16,320 kg frisches Roastbeef zu einem Kilopreis von netto 6,10 €. Nach 10 Tagen wiegt das Roastbeef noch 14,910 kg. Wie hoch ist der prozentuale Reifeverlust, wie hoch der neue Kilopreis?

21 Kurzbratspeisen

Kurzbratstücke aus Schlachtfleisch und Wild gehören zu den wertvollen und preisintensiven Fleischspeisen. Sie erfordern deshalb eine besonders umsichtige und fachgerechte Zubereitung und Komplettierung mit passenden Beilagen.

1 Ordnen Sie den vier Schlachttieren typische Kurzbratstücke zu.

- Kalb:
- Rind:
- Lamm:
- Schwein:

2 Stellen Sie Regeln für das Kurzbraten auf, indem Sie den Lückentext vervollständigen.

Je dicker ein Steak geschnitten wird, desto _____ muss es bei geringerer Hitze gebraten werden.

Helles Fleisch wird in der Regel _____ gebraten, dunkles Fleisch eignet sich für _____ Kerntemperaturen.

Helles Fleisch wird zur Farbbildung und zur Verminderung des Fleischsaftverlustes gern _____ .

3 Beurteilen Sie die abgebildeten Garstufen und füllen Sie die Übersicht aus.

Garstufen	Konsistenz Kerntemperatur	Französisch	Englisch	Geeignete Fleischstücke
❶ stark blutig	innen warm, bis 48 °C			
❷ blutig	sehr saftig, 50-55 °C			
❸ rosa, mittel	saftig, 60-68 °C			
❹ gut durch	saftig, grau, ab 70 °C			

4 Begründen Sie die nachfolgenden Arbeitstätigkeiten und nennen Sie typische Anwendungen.

Verfahrensführung	Anwendung und Begründung
Fleisch quer zur Faser portionieren	
Sehnigen Fettrand einschneiden oder einhacken	
Unpanierte Stücke erst kurz vor dem Garen salzen	

Name: Klasse: Datum:

22 Fischspeisen

Fischspeisen bilden willkommene Abwechslungen in der Speisengestaltung, dabei sind Fische zunehmend preisintensiv.

1 Beurteilen Sie die ernährungsphysiologische Bedeutung der Fischspeisen.

2 Nennen Sie Panierungsmöglichkeiten für Brat- und Frittierfisch.

in der Pfanne	im Fettbad

3 Tragen Sie Garniturnamen für die beschriebene Zubereitung ein und nennen Sie dafür geeignete Fische.

Garniturname	Zubereitung	Geeignete Fische
	panieren, frittieren, Mittelgräte entfernen, Colberbutter einlegen	
	Blattspinat, Mornay-Sauce	
	mehlieren, braten, Zitronenscheibe, Petersilie, braune Butter	
	dünsten, Mornay-Sauce mit Dünstfond saucieren, gratinieren	
	in Backteig einhüllen, frittieren, separat Tomatensauce	
	pochieren mit Wurzelgemüsestreifen, Meerrettichsauce	

4 Beschreiben Sie stichwortartig die Folgen falscher Verfahrensführung.

Falsche Verfahrensführung	Folgen
Kochfisch wird zu intensiv gekocht, nicht pochiert	
Dünstfisch wird nicht abgedeckt und aufgegossen	
Für Frittierfisch ist das Fettbad nicht heiß genug	
Frittierfett enthält Rückstände	
Fisch wird auf Vorrat frittiert	
Grillfisch nicht eingefettet	

5 In der Bankettmappe wird ein Fischgang mit 13,00 € angegeben. Ermitteln Sie den Materialpreis, wenn folgende Zuschläge erhoben werden: 13 % Gewinn, 170 % Gemeinkosten, 14 % Bedienungsgeld und die gesetzliche Mehrwertsteuer.

23 Geflügelspeisen

Geflügelspeisen gehören einerseits zu den beliebten Tagesgerichten, aber auch traditionell zu den festlichen Fleischspeisen. Der Gänsebraten in Deutschland oder Truthahn in England sind dafür Beispiele.

1 Bezeichnen Sie die Geflügelarten.

2 Tragen Sie Geflügelarten ein, die sich für festliche Braten eignen.

3 Zählen Sie Argumente für die Beliebtheit von Geflügelspeisen auf.

4 Beschreiben Sie hygienische Risiken und deren Vermeidung bei der Verarbeitung von Geflügel.

5 Nennen Sie Anlässe, bei denen Geflügelspeisen als Hauptgang zu empfehlen sind.

6 Nennen Sie mindestens fünf Sättigungs- und Gemüsebeilagen für Geflügel.

7 Als Hauptgang werden 24 Portionen Gänsebraten kalkuliert: Wareneinsatz insgesamt 118,55 €, Gemeinkosten 145 %, Gewinn 7 %, Bedienungsgeld 14 % sowie die gesetzliche Mehrwertsteuer. Ermitteln Sie den ungerundeten Bruttopreis einer Portion.

Name: Klasse: Datum:

24 Wildspeisen

Besonders in der kalten Jahreszeit bilden Wildspeisen kulinarisch interessante Angebote für außergewöhnliche A-la-carte-Gerichte und für Festessen.

1 Warum sind die Jagdzeiten heute weniger von Bedeutung?

2 Beurteilen Sie den Ernährungswert der Wildspeisen.

3 Informieren Sie den Besteller eines Banketts über die Vielfalt des Wildangebots. Vervollständigen Sie dazu die Übersicht.

Rücken	Keulen	Wild im Ganzen

4 Der Besteller eines Festessens interessiert sich besonders für Hasenspezialitäten. Unterbreiten Sie dazu Zubereitungsvorschläge.

5 Nennen Sie Würzmittel, die sich besonders für Wildspeisen eignen.

6 Empfehlen Sie Variationen für geschmorte Wildspeisen. Schlagen Sie dazu in Herings Küchenlexikon nach.

- russische Art:

- bürgerliche Art:

- Esterhazy:

7 Schlagen Sie für Wildspeisen geeignete Beilagen und Saucen vor.

- Gemüsebeilagen:

- Sättigungsbeilagen:

- Saucen:

- Weitere Beilagen:

25 Salate

Salate werden im Rahmen einer gesundheitsfördernden und schmackhaften Kost gern verlangt. Die Küche muss durch Verwendung erntefrischer Rohstoffe, eine abwechslungsreiche Zubereitung und optisch ansprechende Anrichteweise den Gästeerwartungen entsprechen.

1 Erklären Sie den Unterschied des Ernährungswertes zwischen Rohkost und Frischkost.

■ Rohkost:

■ Frischkost:

2 Was muss bereits bei der Vorbereitung der Zutaten beachtet werden, um die Wirkstoffe im Gemüse zu erhalten? Evtl. negative Bildaussage streichen.

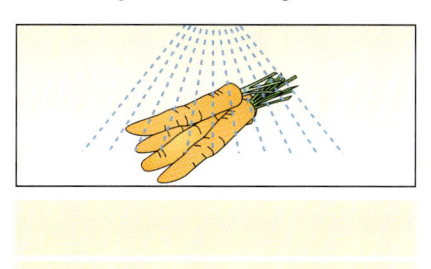

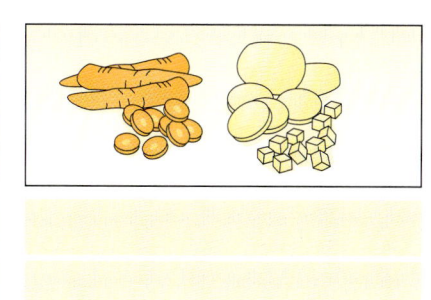

3 Stellen Sie Grundsätze für das Herstellen von Salaten auf und begründen Sie diese stichwortartig. Gliedern Sie in Lagern, Vorbereiten, Zubereiten und Vollenden.

Grundsatz	Begründung
■ erntefrische Zutaten verwenden	Wirkstoffreichtum (Vitamine) erhalten

Name: Klasse: Datum:

26 Käsespeisen

Käse gehört traditionell zu den herzhaften Nachspeisen. Er kann rustikal oder mehr konservativ angerichtet werden.

1 Vervollständigen Sie die Käsegruppen durch deutsche, französische, italienische, dänische, holländische, österreichische und schweizerische Beispiele und kennzeichnen Sie deren Herkunft.

Frischkäse	Weichkäse	Halbfester Schnittkäse	Schnittkäse	Hartkäse	Extrahartkäse

2 Benennen Sie Angebotsformen von Käse à la carte, auf Angebotswagen und auf Büfetts.

- à la carte:
- Käsewagen/-brett:
- Käsebüfett:

3 Nennen Sie Beispiele für den Einsatz von Käse innerhalb von Speisenfolgen.

- Vorspeisen:
- Suppen:
- Vorspeisen:
- Hauptgerichte:
- Käsegang:
- Dessert:

4 Welche Garnierungen und Sättigungsbeilagen passen zu Käse?

27 Obstsalate, Eisspeisen

Obstsalate werden sowohl herzhaft pikant für Vorspeisen als auch süß für Desserts hergestellt. Sie können separat angerichtet oder in Früchte gefüllt werden.
Eisspeisen gehören – besonders bei Kindern – zu den beliebten Nachspeisen und dienen in der warmen Jahreszeit zur Erfrischung.

1 Nennen Sie Früchte, die sich für Obstsalate eignen.

2 Was ist bei der Verarbeitung der Früchte zu beachten? Nennen Sie wichtige Merkmale zu den Gliederungsworten.

- Einkaufen:
- Auswählen:
- Schneiden:
- Abschmecken:
- Vermischen:
- Lagern:
- Anrichten:
- Garnieren:

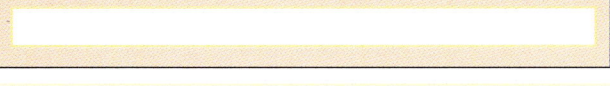

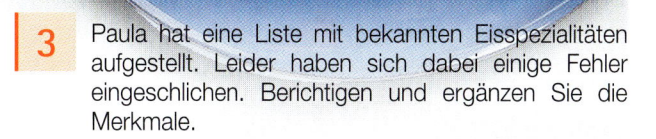

3 Paula hat eine Liste mit bekannten Eisspezialitäten aufgestellt. Leider haben sich dabei einige Fehler eingeschlichen. Berichtigen und ergänzen Sie die Merkmale.

- **Bananensplit**: Bananenstücke auf Vanilleeis, mit Schokoladensauce überziehen, mit Schlagsahne garnieren.

- **Schwarzwälder Art**: Schokoladeneis, Vanillesauce, Kirschwasser, Schlagsahne, Schokoladenspäne.

- **Hélen**: Geschälte pochierte Birne auf Vanilleeis dressieren. Heiße Schokoladensauce darüber gießen.

- **Fürst Pückler**: Geschichtetes Eisparfait von unten beginnend mit den Geschmacksrichtungen Vanille, Schokolade und Erdbeer. Mit Schlagsahne garnieren.

4 Beurteilen Sie den ernährungsphysiologischen und kulinarischen Wert von Eisspeisen.

Name: Klasse: Datum:

28 Garnituren

Garnituren stammen aus der klassischen Küche. Verschiedene Garnituren verwenden Köche weltweit und ermöglichen dadurch den Gästen das Verständnis der Speiseangebote. Deshalb sind wichtige Garnituren, die in den Prüfungsanforderungen aufgeführt sind, nachfolgend zusammengestellt.

1 Tragen Sie die zugehörigen deutschen und französischen Garniturbezeichnungen ein.

2 Falls Ihrer Meinung nach Garniturbestandteile fehlen, ergänzen Sie diese.

Garniturherstellung	Garniturbezeichnung deutsch	französisch
1 **Wildrücken** mit Wildrahmsauce, mit Preiselbeeren (Johannisbeergelee) gefüllte Birnenhälften		
2 **Lamm, Schwein, Geflügel** mit Kartoffel- und Zwiebelscheiben in Jus geschmort, gebratene oder Röstkartoffeln, glasierte Zwiebelchen		
3 **Kalbsleber** mit Apfelringen, in Butter gebratene Zwiebelringe, Rotkohl, Kartoffelpüree		
4 **Kurzgebratenes Rindfleisch** mit Bordeleser Sauce und blanchierten Rindermarkscheiben		
5 **Gebratener Fisch** und **Geflügelbrüstchen** mit oval geformten, in Butter gedünsteten Gurken, Zitrone und Petersilie		
6 **Gekochtes Rindfleisch** mit Kohlköpfchen, Karotten, weißen Rübchen, Sellerie, Lauch und Brühwurst		
7 **Fisch, Geflügel, Eier, Schlachtfleisch** mit Blattspinat (-Timbale), Mornay-Sauce		
8 **Kalbsbraten** umlegt mit Gemüsebuketts		
9 **Wild, Schlachtfleisch, Geflügel** mit Waldpilzen, Croûtons, Jägersauce		
10 **Kalbfleisch** mit Streifen von Pökelzunge, Schinken, Champignons, Trüffel, Käse und Tomatensauce		
11 **Mehlierter, gebratener Fisch** mit Zitronenscheiben, Petersilie, braune Butter		
12 **Fischfilet** im Bierteig, Tomatensauce extra		
13 **Filetsteak** mit Gänseleber- und Trüffelscheibe, Madeira-Sauce		
14 **Kurzbratfleisch** im Bierteig mit Zwiebelringen, in Butter sautierten Tomatenwürfelchen, Tiroler Sauce		
15 **Rinderfilet** in Blätterteighülle mit Duxelles, Farce		

29 Korrespondierende Getränke

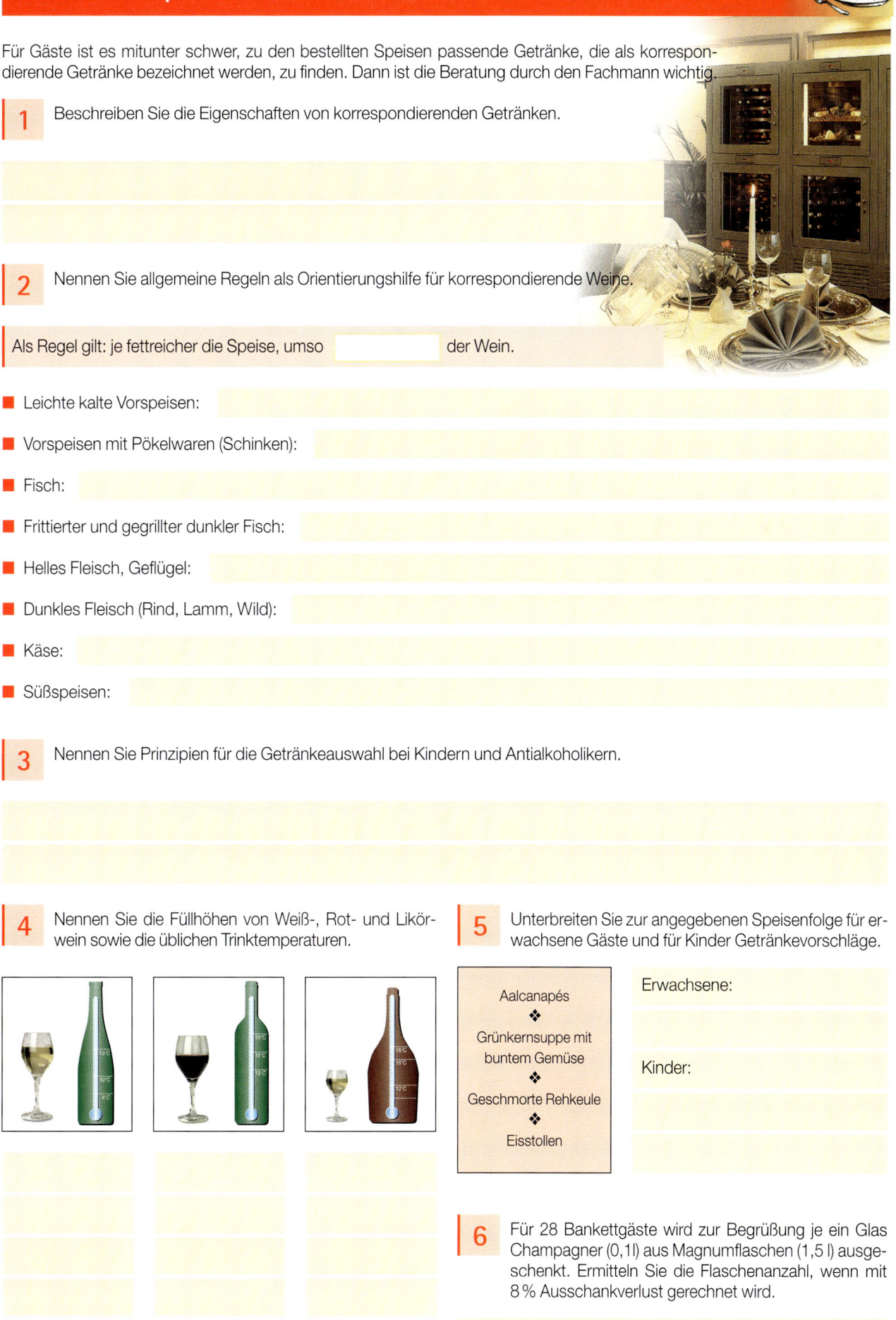

Für Gäste ist es mitunter schwer, zu den bestellten Speisen passende Getränke, die als korrespondierende Getränke bezeichnet werden, zu finden. Dann ist die Beratung durch den Fachmann wichtig.

1 Beschreiben Sie die Eigenschaften von korrespondierenden Getränken.

2 Nennen Sie allgemeine Regeln als Orientierungshilfe für korrespondierende Weine.

Als Regel gilt: je fettreicher die Speise, umso _____ der Wein.

- Leichte kalte Vorspeisen:
- Vorspeisen mit Pökelwaren (Schinken):
- Fisch:
- Frittierter und gegrillter dunkler Fisch:
- Helles Fleisch, Geflügel:
- Dunkles Fleisch (Rind, Lamm, Wild):
- Käse:
- Süßspeisen:

3 Nennen Sie Prinzipien für die Getränkeauswahl bei Kindern und Antialkoholikern.

4 Nennen Sie die Füllhöhen von Weiß-, Rot- und Likörwein sowie die üblichen Trinktemperaturen.

5 Unterbreiten Sie zur angegebenen Speisenfolge für erwachsene Gäste und für Kinder Getränkevorschläge.

Aalcanapés
❖
Grünkernsuppe mit buntem Gemüse
❖
Geschmorte Rehkeule
❖
Eisstollen

Erwachsene:

Kinder:

6 Für 28 Bankettgäste wird zur Begrüßung je ein Glas Champagner (0,1 l) aus Magnumflaschen (1,5 l) ausgeschenkt. Ermitteln Sie die Flaschenanzahl, wenn mit 8 % Ausschankverlust gerechnet wird.

Name: **Klasse:** **Datum:**

30 Bier

Bier zählt in Deutschland nach wie vor zu den beliebtesten Getränken.
Auch viele ausländische Gäste schätzen deutsches Bier.

1 Erklären Sie Bedeutung und Inhalt des deutschen Reinheitsgebotes. Streichen Sie die abgebildeten Rohstoffe, die nach dem Reinheitsgebot nicht ins Bier gehören.

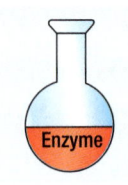

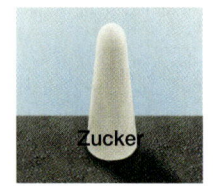

Enzyme   Zucker

2 Tragen Sie in die Grafik die üblichen Alkoholgehalte der unterschiedlichen Biere ein.

Üblicher Alkoholgehalt der Biere

| alkoholfrei | alkoholarm | alkoholreduziert | Schankbier | Vollbier | Pilsner | Export | Starkbier |

3 Um welche Bierspezialitäten handelt es sich? Beraten Sie den Gast.

Bierspezialität	Herkunft	Besonderheit/Bierart	Biergattung	Ausschankgefäß
Alt				
Bockbier				
Eisbock				
Export				
Kölsch				
Münchner				
Gose				
Pilsner				
Weißbier				
Weiße mit Schuss				

31 Wein

Deutschland gehört zu den nördlichsten Weinanbauländern Europas. In den 13 deutschen Anbaugebieten wird Wein in einer Qualität kultiviert, die jedem Weinliebhaber seine Wünsche zu erfüllen vermag.

1 Ergänzen Sie die Begriffsbestimmung Wein nach dem deutschen Weingesetz mit folgenden Begriffen:

eingemaischten, frischen, Traubenmost, alkoholische, vollständige.

Wein wird durch _____ oder teils _____ Gärung aus _____ , _____ Trauben oder dem _____ gewonnen.

2 Unterscheiden Sie die vier Arten deutscher Weine. Ordnen Sie jeweils die Traubenfarbe und die Gärungsart (Most-, Maischegärung) zu.

Weißwein	Rotwein	Roséwein	Rotling

3 Welche Güteklassen kennen Sie? Welche Bedeutung haben Weinsiegel?

■ Güteklassen:

■ Weinsiegel:

4 Ordnen Sie die Wein-Prädikate in aufsteigender Reihenfolge.
Eiswein, Kabinett, Beerenauslese, Trockenbeerenauslese, Auslese, Spätlese

5 Erklären Sie die folgenden Qualitätsbegriffe.

■ Classic:

■ Selektion:

■ Weißherbst:

■ Schillerwein:

■ Badisch Rotgold:

■ Schieler:

6 Eine Flasche Spätburgunder kostet im Einkauf 5,45 €. Ermitteln Sie den Inklusivpreis, wenn mit einem Gesamtzuschlag von 270 % gerechnet wird.

Name: Klasse: Datum:

32 Spirituosen

Spirituosen gelten als kulinarisch interessante Getränke vor und nach einem Menü. Sie werden auch gerne zur Anregung getrunken. Für den Gastronomen sind sie wegen der hohen Gewinnspanne vorteilhaft.

1 Verschaffen Sie sich einen Überblick über Spirituosen, indem Sie die Übersicht durch nachfolgende Begriffe vervollständigen.

mazerieren, vergären, aromatisieren, destillieren, destillieren, süßen und Geschmack geben

Spirituosen			
Brände	**Geiste**	**Aromatisierte Spirituosen**	**Liköre**
Rohstoffe	Ethanol	Ethanol	Ethanol

2 Ordnen Sie die folgenden Spirituosen nach ihren typischen Ausschanktemperaturen.

Eierlikör, Tequila, Wodka, Gin, Weinlikör, Whisky, Obstbrand, Kirschlikör, Calvados, Aquavit, Weinbrand

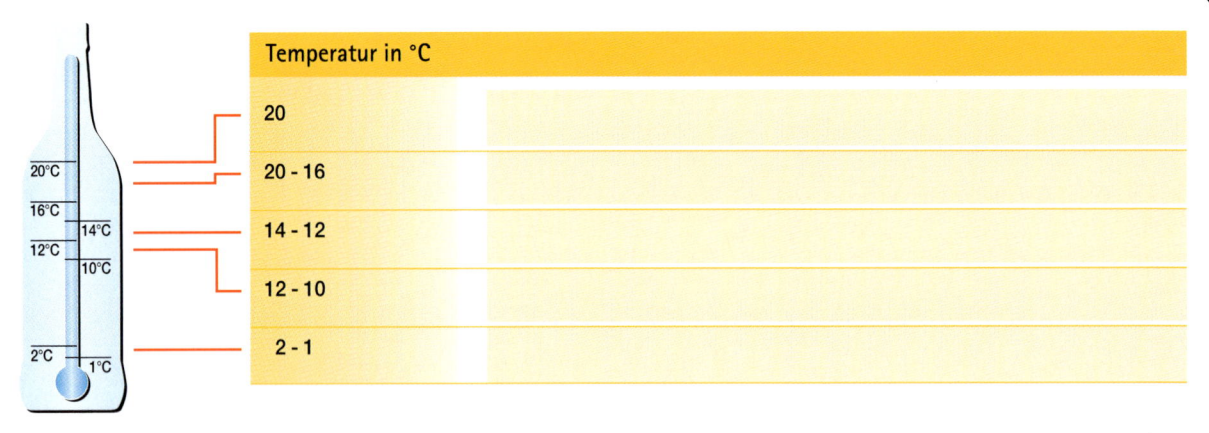

Temperatur in °C	
20	
20 - 16	
14 - 12	
12 - 10	
2 - 1	

3 Ordnen Sie den aufgeführten Spirituosen das Ursprungsland zu.

Amaretto, Armagnac, Cachaca, Calvados, Cognac, Cointreau, Curacao, Genever, Gin, Grand Marnier, Grappa, Schwarzwälder Kirschwasser, Korn, Rum, Steinhäger, Whiskey, Wodka

- Brasilien:
- Deutschland:

- England:
- Frankreich:

- Holland:
- Irland:
- Italien:
- Kuba:
- Russland:

4 In einem geselligen Kreis sitzen zwei etwa zehnjährige Kinder, für die bei einer Runde Eierlikör mitbestellt wird. Wie wird sich die Bedienung verhalten? Geben Sie eine Begründung.

5 Grappa (0,7 l) wird für 14,20 € eingekauft. Ermitteln Sie die Erhöhung der Materialkosten je 2 cl, wenn mit einem Schankverlust von 12 % gerechnet wird.

33 Servierkunde

Der geschmackvoll und fachgerecht gedeckte Tisch ist ein Ausdruck von guter Gastlichkeit und die Voraussetzung für einen reibungslosen Service.

Eine Herrenrunde mit acht Personen hat sich angemeldet. Die Herren möchten am runden Tisch sitzen und bestellen folgendes Menü, dazu zwei korrespondierende Getränke:

Menü:
Ketakaviar
Butter und Toastherzen
❖
Kraftbrühe vom Tafelspitz
mit Gemüseperlen

Schweinefilet
in Morchelrahmsauce
Rosenkohl im Nest
Butternudeln
❖
Haselnusseiscreme
flambierte Rumfrüchte

1 Listen Sie Art und Menge des erforderlichen Bestecks auf.

- große Messer:
- große Gabeln:
- Mittellöffel:
- Mittelgabel:
- Buttermesser:
- Kaviarmesser:
- Kaviarlöffel:

2 Listen Sie Art und Menge des erforderlichen Geschirrs auf.

- von der Küche

- vom Service

3 Nennen Sie weitere benötigte Serviergeräte.

4 Skizzieren Sie den eingedeckten Tisch.

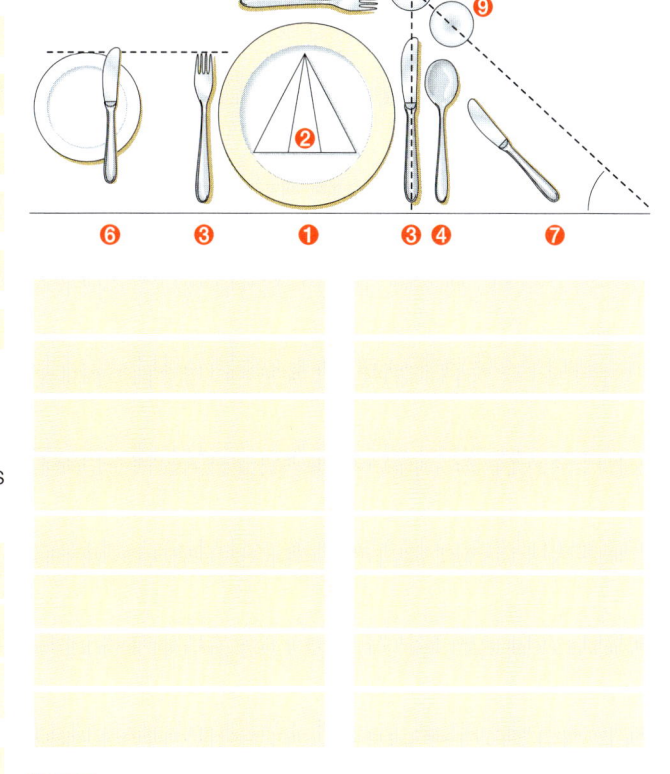

5 Im Restaurant stehen runde Tische mit einem Durchmesser von 1,6 m und 2,1 m zur Verfügung.
Ermitteln Sie, an welchen Tisch 8 Gäste bequem Platz finden können.

Name: Klasse: Datum:

34 Test

Schreiben Sie jeweils nur einen Buchstaben (A, B oder C) für die richtige Lösung in das Feld.

1 So hoch ist der durchschnittliche Energiewert einer Zwischenmahlzeit:
- A 800-1300 kJ
- B 200-300 kJ
- C 2000-3000 kJ

2 Folgende Speisenarten bezeichnet man als Zwischenmahlzeiten:
- A 2. Frühstück, Vesper, Imbiss, Nachmittagskaffee
- B Gerichte, Süßspeisen
- C Gedecke, Desserts

3 Heutige Verzehrgewohnheiten führen verstärkt zur Einnahme von Imbissspeisen, weil
- A das Ernährungsbewusstsein kleinere Mahlzeiten verlangt
- B zur Einnahme wenig Zeit erforderlich ist und geringere Kosten entstehen
- C abnehmender Energiebedarf gewünscht wird

4 Der Eiweißgehalt des Gemüses liegt durchschnittlich zwischen
- A 1-3 %
- B 10-20 %
- C 20-30 %

5 Vegetarische Lebensmittel zeichnen sich vorrangig aus durch den Gehalt an
- A Fett, Eiweiß
- B Vitaminen, Mineralstoffen
- C Wirkstoffe, Cellulose

6 Das übliche Garverfahren für Gemüse ist
- A Dünsten
- B Garziehen
- C Schmoren

7 Frischkostsalate haben vorrangig folgende ernährungsphysiologische Funktion:
- A Sättigung
- B Energiezufuhr
- C Wirkstoffzufuhr

8 Wählen Sie die typischen Nachspeisen aus.
- A Tafelobst, Süßspeisen, Käse
- B Pastetchen, Sushi, Canapés
- C Medaillons, Salate, Kaviar

9 Worin besteht die ernährungsphysiologische Bedeutung von Tafelobst?
- A Sättigungswert, Eiweißgehalt, Genusswert
- B Wirkstoffgehalt, leichte Verdaulichkeit, Energiegehalt
- C Ballaststoffreichtum, erfrischende Wirkung, Wirkstoffgehalt

10 Welche Funktion haben Nachspeisen im Menü?
- A appetitanregend
- B verdauungsfördernd
- C kulinarischer Abschluss

11 Welche Sauce reicht man zu Apfelbeignets?
- A Schokoladensauce
- B Himbeermarksauce
- C Weinschaumsauce

12 Zu welcher Süßspeise harmoniert Vanillesauce?
- A Rote Grütze
- B Bayerisch Creme
- C Haselnussparfait

13 Geeignet als Aperitif im Festmenü ist
- A Bier
- B Calvados
- C Portwein

14 Das verstehe ich unter Amuse-bouche:
- A Appetithäppchen
- B Zwischengerichte
- C Knabbergebäck

15 Dieser Wein passt zur Suppe:
- A Rotwein
- B Weißwein
- C kein Getränk

16 Wählen Sie die passende Suppe vor dem Sauerbraten aus.
- A Rinderkraftbrühe
- B Spargelsuppe
- C Schildkrötensuppe

Ausgeglichene Ernährung!

35 Bedürfnisse, Wünsche, Kaufmotive

Jeder Mensch hat eine Vielzahl von körperlichen und geistigen Bedürfnissen, die nach ihrer Bedeutung geordnet werden können. Zu untersuchen ist die Rolle des Gastgewerbes bei der menschlichen Bedürfnisbefriedigung.

1 Ergänzen Sie die Maslow'sche Bedürfnispyramide, indem Sie die schöpferischen und sozialen Bedürfnisse sowie die Grund- und Schutzbedürfnisse eintragen.

2 Belegen Sie die unterschiedlichen Bedürfnisgruppen mit Beipielen, die für die Gastronomie bedeutungsvoll sind.

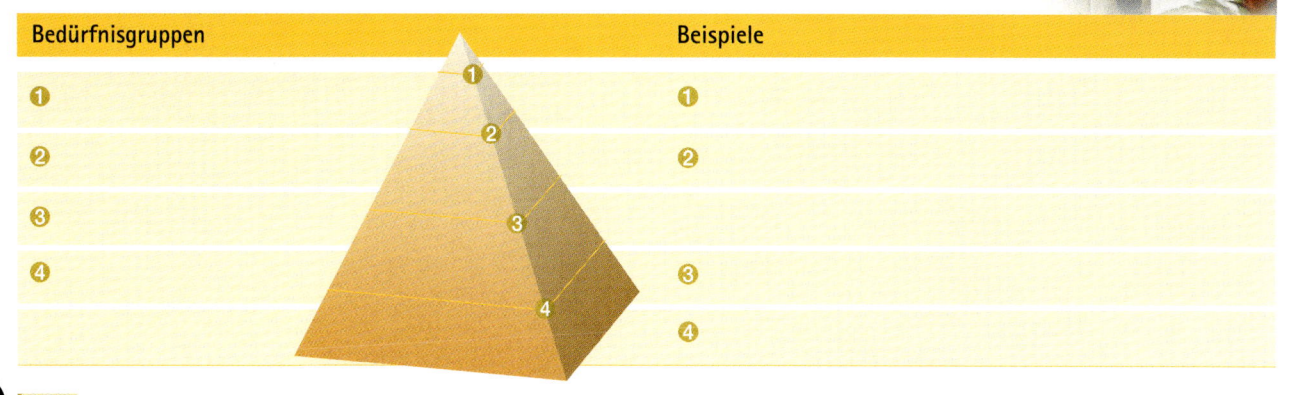

Bedürfnisgruppen	Beispiele
❶	❶
❷	❷
❸	❸
❹	❹

3 Kaufmotive geben Auskunft über Beweggründe, die zum Kauf führen. Ergänzen Sie folgende Kaufmotive mit entsprechenden Beispielen.

Kaufmotive geprägt durch		
Verstand	Gefühl	Trieb

4 Erläutern Sie jeweils ein Beispiel für Kaufmotive der Gäste.

■ Verstand:

■ Gefühl:

■ Trieb:

5 Beurteilen Sie folgende Situationen hinsichtlich der Kaufmotive:

Situation	Art des Kaufmotivs	Situation	Art des Kaufmotivs
das Zimmer ist zu teuer		Das Zimmer mit Whirlpool bitte!	
Das gleiche Zimmer wie Dr. Meier		Ein rollstuhlgerechtes Zimmer...	
Das Zimmer benötige ich für meine Autorenarbeiten		Ist das wirklich ein Nichtraucherzimmer?	

6 Ein Sporthotel hat jährliche Beherbergungskosten in Höhe von 1 235 600,00 €. Wie hoch sind die durchschnittlichen Selbstkosten je Übernachtung, wenn das Hotel 121 210 Übernachtungen zu verzeichnen hat?

Name: **Klasse:** **Datum:**

36 Markt

Treffen Angebot und Nachfrage hinsichtlich bestimmter Güter aufeinander, nennt man das Markt. Auf unserem Bild begegnen sich das Angebot der Marktverkäufer und die Nachfrage von Einkaufslustigen auf einem Platz. Ein Markt im wahrsten Sinne des Wortes!

1 Vervollständigen Sie die Begriffsbestimmung für Markt.

Der Markt wird durch Angebot und _____ bestimmt. Dieser _____ von Angebot und Nachfrage stellt das Grundprinzip der _____ dar.

2 Unterscheiden Sie zwischen **Verkäufermarkt** und **Käufermarkt**. Ergänzen Sie den Merksatz und erläutern Sie die in der Gastronomie überwiegende Marktform.

Beim **Verkäufermarkt** ist die Nachfrage _____ .

Beim **Käufermarkt** ist das Angebot _____ .

3 Erklären Sie die Marktform „Monopol" und geben Sie dazu ein Beispiel aus dem Gastgewerbe.

■ Monopol:

4 Schreiben Sie die Fachbegriffe für die drei Betriebsarten im Gastgewerbe unter die Bilder.

5 Übersetzen Sie aus dem Englischen ins Deutsche.

I'd like to book a double room for the weekend.

Certainly, as usual the same room on the quiet side facing the park?

That's fine. But the room rate of 94,00 € seems to be quite high for me.

Gast:

Hotelmitarbeiter:

Gast:

37 Ziele und Aufgaben des Marketings

Der Gastronomiemarkt ist als Käufermarkt umkämpft. Deshalb sind Maßnahmen zur Schaffung neuer Absatzmöglichkeiten besonders wichtig.

1 Vervollständigen Sie die Begriffsbestimmung für Marketing.

Der Begriff Marketing kommt aus dem _____. Damit sind alle Maßnahmen zur Schaffung eines _____ und zur Sicherung und Förderung des _____ zu verstehen.

2 Erläutern Sie die vier Marketingziele.

- Marktziele:
- Bedürfnisziele:
- Wirkungsziele:
- Leistungsziele:

3 Erläutern Sie die Darstellung von Marketing-Zielen durch AROMA.

- A
- R
- O
- M
- A

4 Tragen Sie wichtige Marketing-Bestandteile in die Übersicht ein.

5 Erklären Sie den Begriff Zielgruppe.

6 Erläutern Sie an einem Beispiel Wünsche und Bedürfnisse der abgebildeten Zielgruppen hinsichtlich der Beherbergung.

Name: Klasse: Datum:

38 Marketing-Instrumente, Marketing-Mix

Zur Erreichung der Marketing-Ziele werden Mittel angewandt, die als Marketing-Instrumente bezeichnet werden.

1 Erklären Sie den Begriff Marketing-Instrument.

2 Nennen Sie die Gruppen der im Gastgewerbe eingesetzten Marketing-Instrumente und beschreiben Sie ihre Bedeutung.

3 Beurteilen Sie die Möglichkeiten, den Umweltschutz als Marketing-Instrument zu betrachten. Geben Sie Beispiele dafür.

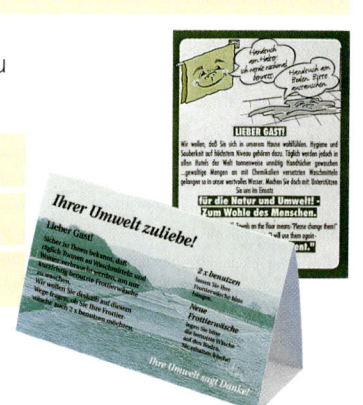

4 Beschreiben Sie die Bedeutung von Marketing-Mix.

5 Wie können Sie mit Ihrer täglichen Arbeit zur Erreichung von Marketing-Zielen beitragen? Erläutern Sie das am Beispiel der Marketing-Instrumente Leistungen und Verkaufsförderung.

6 Nennen Sie Arten von Marktuntersuchungen.

7 Im Marketing werden vielfach englische Fachausdrücke verwendet. Übersetzen Sie folgende Fachbegriffe:

- Dumping:

- USP:

- Forecast:

- Corporate behaviour:

39 Erzeugnisse und Leistungen

Der Gast erwartet im Hotel eine Vielzahl von Sach- und Dienstleistungen. Die Hotelleitung muss deshalb immer über die aktuellen Bedürfnisse der Hotelgäste Bescheid wissen. Zufriedene Gäste sind die preiswerteste Werbung.

1 Erklären Sie den Unterschied zwischen Erzeugnissen und Dienstleistungen, indem Sie folgende Begriffe zuordnen: Bewirtung, Speisen, Getränke, Beherbergung. Danach vervollständigen Sie die entsprechenden Merksätze.

- Erzeugnisse:
- Leistungen:

Erzeugnisse sind ☐, also Arbeitsergebnisse.

Leistungen sind Tätigkeiten für den Gast, die ☐ zu einem gegenständlichen Arbeitsergebnis führen.

2 Schildern Sie Erwartungen der Hotelgäste im Übernachtungsbereich.

- Zimmerbeschaffenheit:

- Sanitärkomfort:

- Zimmerausstattung:

3 Preis und Leistung müssen übereinstimmen. Beurteilen Sie nach diesem Gesichtspunkt die folgende Beschreibung eines Gastes:

Nun sind wir mit unserem Auto im 5-Sterne-Hotel gut angekommen. Der Transport unseres Gepäcks war schwierig, aber mit Hilfe eines dort befindlichen Gepäckwagens haben wir es bewältigt. Es war nicht einfach, in dem 100-Betten-Haus unser Zimmer zu finden. Zum Glück trafen wir im Aufzug ein Ehepaar, das zufälligerweise das Nachbarzimmer bewohnte. Beim Auspacken stellten wir fest, dass unsere Tasche mit Hygieneartikeln am Flughafen verblieben war. Die nette Rezeptionsmitarbeiterin gab uns das örtliche Telefonbuch, so konnten wir uns mit dem Flughafen in Verbindung setzen. Da die Tasche aber erst am nächsten Tag abzuholen war, bot uns die Rezeptionistin an, gegen Entgelt Shampoon, Duschgel, Zahnbürsten und Zahnpasta zur Verfügung zu stellen. Das Zimmer war sehr nett eingerichtet: Fernseher, Telefon, Minibar, außerdem zwei Sessel und ein kleiner Couchtisch. Das 1,40 cm breite Bett erinnerte uns an unseren Frankreich-Urlaub. Die Rezeption teilte uns mit, dass wir auch ohne deren Hilfe den Weckruf über das Telefon schalten könnten. Bei meinem technischen Verständnis ging das allerdings schief und wir wurden erst 9.45 Uhr munter. Als wir dann glücklich gegen 10.15 Uhr ins Restaurant kamen, gab`s kein Frühstück mehr. So haben wir eine Stunde aufs Mittagessen gewartet. Dadurch war es uns nicht möglich, bis 11 Uhr das Zimmer zu räumen. Die nette Dame in der Rezeption bedauerte das sehr und hat aber von einem Verspätungsaufschlag abgesehen, so dass wir nur Übernachtung und Frühstück zu bezahlen hatten. Nachdem wir das Gepäck verstaut und den Gepäckwagen wieder in die Hotelhalle zurückgeschafft hatten, sind wir zurück, um uns zu verabschieden. Alles in allem ein sehr erlebnisreicher Aufenthalt in einem Luxushotel…

Name: Klasse: Datum:

40 Werbemittel

Werbemittel sollen Werbeaussagen über die verschiedenen Sinnesorgane an die umworbenen Zielgruppen herantragen.

1 Ordnen Sie jedem Sinnesorgan ausgewählte Werbemittel zu.

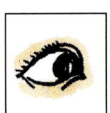

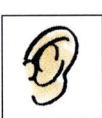

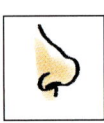

2 Suchen Sie sich drei Werbemittel aus, die im Hotel eine besondere Rolle spielen, und erläutern Sie diese.

3 Beurteilen Sie folgenden Werbetext für einen Brief:

Hotel Vogel

Werte Damen und Herren,

Sie kennen unser Haus von vielen persönlichen Besuchen. Auch in diesem Jahr wollen wir Ihr Bestes. Wie gewohnt setzen wir auf das allseitig anerkannte Preis-Leistungs-Verhältnis.
Buchen Sie also wieder ein schönes Wochenende für 150,00 € in unserem Haus.

Wir freuen uns auf Ihre Buchung
Hochachtungsvoll

Hotel Vogel

4 Ein Werbekonzept soll erarbeitet werden. Ordnen Sie die vier erforderlichen Stufen in die richtige Reihenfolge.

A Termine für Werbebotschaft festlegen
B Zielgruppen auswählen
C Werbebotschaft ableiten
D Werbeziel festlegen
E Festlegung des Werbebudgets

5 Das Hotel „Stadt Halle" hatte im vergangenen Jahr einen Gesamtumsatz von 446 730 €. Davon wurden 0,6 % für Werbemaßnahmen ausgegeben. Wie viel standen monatlich zur Verfügung?

41 Verkaufsförderung

Verkaufsfördernde Maßnahmen sind an die Gäste gerichtet und können im Haus oder außerhalb des Hauses durchgeführt werden. Auch Qualifizierungsmaßnahmen der eigenen Mitarbeiter sind Bestandteil der Verkaufsförderung.

1 Im Hotel lässt sich die Verkaufsförderung nach der AIDA-Formel durchführen. Übersetzen Sie die Begriffe, die für AIDA stehen.

A Attention   **I** Interest   **D** Desire   **A** Action

2 Ergänzen Sie den Merksatz.

Verkaufsförderung wird erreicht durch Aktionen für die _____ sowohl im als auch außer _____ und durch die _____ der Mitarbeiter.

3 Als besonders wirkungsvoll zur Verkaufsförderung haben sich thematische Aktionen erwiesen. Erklären Sie den Begriff, indem Sie die den Merksatz vervollständigen.

Thematische Aktionen sind verkaufsfördernde Maßnahmen, bei denen gastronomische und andere Leistungsangebote unter ein _____ gestellt werden. Aktionen sind Bestandteil der _____.

4 Die Ziele von Aktionen können vielfältig sein. Allerdings haben sich bei der Auflistung einige Fehler eingeschlichen, die Sie durchstreichen sollen.

Aktionsziele:
- Gewinnen neuer Gäste
- Test der Gästeerwartungen
- Stammgäste an höhere Preise gewöhnen
- Konkurrenz herabsetzen
- bessere Kapazitätsauslastung
- Erhöhen des Bekanntheitsgrades
- Erzielen niedriger Preise

5 Bewährt hat sich die Erstellung eines kulinarischen Kalenders. Im folgenden Vorschlag sollen Sie die genannten Maßnahmen einbauen und den Kalender durch weitere eigene Vorschläge vervollständigen.

Leckeres zur Fastenzeit; Spargel – König des Gemüses; Wildspeisen als kulinarische Winterkost; Lamm-Köstliches zur Osterzeit; Speisen wie im Süden; Fischspezialitäten aus Deutschland

Themen eines kulinarischen Kalenders

Januar		April	
Februar		Mai	
März		Juni	

6 Durch verkaufsfördernde Maßnahmen hat sich auch die Bettenauslastung des Hotels „Zum alten Fritz" um 8 % verbessert. Das entspricht 132 Übernachtungen. Ermitteln Sie die ursprüngliche Übernachtungszahl.

Name: Klasse: Datum:

42 Öffentlichkeitsarbeit

„Tue Gutes und sprich darüber." Unter diesem Motto kann ein Gastronomiebetrieb zur Bildung einer positiven öffentlichen Meinung beitragen.

1 Erklären Sie den Begriff Öffentlichkeitsarbeit.

2 Begründen Sie, dass die Mundpropaganda die günstigste Form der Öffentlichkeitsarbeit ist.

3 Das Hotel Kongresspalast plant eine Pressekonferenz. Woran ist zu denken? Zählen Sie mindestens 5 Gesichtspunkte auf.

4 Durch Hotelführer ist den Gästen die Vergleichbarkeit von Angeboten möglich. Deshalb sind Hotelführer wichtige Mittel in der Öffentlichkeitsarbeit. Erklären Sie folgende Piktogramme:

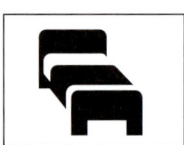

5 Schreiben Sie die üblichen englischen Fachbegriffe auf.

- Verkaufsförderung:
- Öffentlichkeitsarbeit:
- Form der Öffentlichkeitsarbeit: Geld oder Unterstützung geben:
- Selbstdarstellung eines Unternehmens:

6 Das Hotel Goldener Löwe hatte im vergangenen Geschäftsjahr einen Gesamtumsatz von 2 899 000,00 €. Davon erhielt das Stadtmuseum 11 600,00 €. Ermitteln Sie den prozentualen Anteil der Sponsoringelder am Gesamtumsatz.

43 Test

Schreiben Sie jeweils nur einen Buchstaben (A, B oder C) für die richtige Lösung in das Feld.

1 Was versteht man unter Marketing?
- A Englischer Name für Markt
- B Werbemittel
- C Maßnahmen zur Schaffung eines Marktes

2 Was ist das Grundbedürfnis des Menschen?
- A Essen, Trinken, Schlafen
- B Nachahmung
- C Sparsamkeit, Gesundheitsbewusstsein

3 Kennzeichnen Sie das vom Trieb beeinflusste Kaufmotiv.
- A Sparsamkeit
- B Geltungssucht
- C Geschmack

4 Die Kaufmotive Geruch und Geschmack werden geprägt durch
- A Verstand
- B Gefühl
- C Triebe

5 Die Marktlage ist gekennzeichnet durch
- A Marktinstrumente
- B Gästebedürfnisse
- C Marketing-Konzeption

6 Zielgruppen sind Personengruppen mit
- A vergleichbaren Wünschen und Bedürfnissen
- B hohem Einkommen
- C Stammgäste

7 Die Klassifizierung im Gastgewerbe dient der
- A Erfüllung gesetzlicher Vorgaben
- B Werbung
- C Vergleichbarkeit von Preis und Leistung

8 Unter Werbung versteht man:
- A Reklame
- B Wecken von Interesse
- C Manipulation

9 Wofür steht in der Werbung die Abkürzung KISS?
- A Sage es schlicht und einfach
- B Wahrheit und Klarheit
- C Interesse und Sympathie

10 Wie heißt corporate identity auf Deutsch?
- A Werbung
- B Öffentlichkeitsarbeit
- C Selbstdarstellung eines Unternehmens

11 USP ist zu übersetzen mit
- A Absatzanbahnung
- B Erlebnisgastronomie
- C einzigartiges Verkaufsargument

12 Sales promotion ist die englische Fachbezeichnung für
- A Verkaufsförderung
- B Öffentlichkeitsarbeit
- C Verkaufsplanung

13 Wann spricht man von Dumping-Preisen?
- A Preise unter dem Einstandspreis
- B Schnäppchenpreise
- C Tiefpreise

14 Als Sponsoring wird bezeichnet
- A Pressearbeit
- B Unterstützung, Geld geben
- C Selbstdarstellung

15 Streichen Sie die Preisart an, die dem Gesetz gegen den unlauteren Wettbewerb widerspricht
- A systematische Preisunterbietung
- B nachfrageorientierte Preisbildung
- C Aktionspreise

16 Auf Grund der Konkurrenzsituation muss der Netto-Zimmerpreis von 83 € auf 76 € herabgesetzt werden.
Wie hoch ist der Verkaufspreis?
- A rund 85 €
- B rund 88 €
- C rund 90 €

17 Das Hotel Rübezahl hat 24 Betten und 200 Hotelöffnungstage. Angestrebt wird eine Übernachtungsfrequenz von 75 %. Wie viele Übernachtungen müssten zu verzeichnen sein?
- A 1800
- B 3600
- C 5400

18 Das Hotel „Altes Europa" verfügt über eine Übernachtungskapazität von 17156 Übernachtungen. Im Abrechnungsjahr waren 11 445 Übernachtungen zu verzeichnen.
Wie hoch war die Frequenz im Abrechnungsjahr?
- A 66,7 %
- B 65,2 %
- C 67,8 %

Name: Klasse: Datum:

44 Aufgaben des Wirtschaftsdienstes

Sauberkeit und Hygiene im Hotel werden maßgeblich durch Mitarbeiter des Wirtschaftsdienstes gewährleistet.

1 Tragen Sie wichtige Aufgaben des Wirtschaftsdienstes im Bewirtungs- und im Beherbergungsbereich in die Übersicht ein.

Bewirtungsbereich	Beherbergungsbereich

2 Die erste Hausdame ist für die Haushaltführung eines gastgewerblichen Betriebes verantwortlich. Nennen Sie zu den aufgeführten Hauptaufgaben Beispiele.

- Planung/Organisation:

- Personaleinsatz/ Personalführung:
- Arbeitsdurchführung:

- Kontrolltätigkeit:

- Gästebetreuung:

3 Erklären Sie den Begriff Outsourcing, indem Sie den Merksatz vervollständigen.

Outsourcing ist das _____ von Betriebsabteilungen und die Übergabe der Arbeiten an selbstständige _____ .

4 Sophie und Paul haben unterschiedliche Meinungen über den Einsatz von Fremdfirmen. Sie erörtern das Für und Wider. Tragen Sie mögliche Argumente in die Übersicht ein.

	Vorteil	Nachteil
Personal		
Wäschepflege		
Ziergärtner		

5 Drei Mitarbeiter des Wirtschaftsdienstes benötigen zur Wäschepflege 4 Arbeitstage zu 6 Stunden. In welcher Zeit können zwei Mitarbeiter mit 8-stündiger Arbeitszeit die gleichen Arbeiten erledigen?

45 Werkstoffe

Glas und Kunststoffe finden im Gastgewerbe ein großes Anwendungsgebiet. Sie werden sowohl als Gebrauchsgegenstände in der Küche als auch zur Ausstattung von Service- und Hotelräumen eingesetzt.

1 Kennzeichnen Sie aus der Auswahl die wichtigsten Bestandteile zur Glasherstellung durch farbiges Unterstreichen.

- Quarzsand - Feldspat - Kalk - Soda - Pottasche - Bleioxid - Glimmer

2 Ordnen Sie den wichtigen Glasarten die aufgeführten Verwendungsbeispiele zu.

Flaschen, Wirteglas, Fenster, geschliffenes Glas, feuerfestes Glas, Teegläser

- Natronglas:
- Kaliglas:
- Bleikristall:
- Borosilikatglas:

3 Erläutern Sie die besonderen Vorteile für den Einsatz von Kunststoffen im Gastgewerbe.

- Küche:
- Service, Hotel:

4 Tragen Sie die Überbegriffe für die drei Gruppen von Kunststoffen und deren Eigenschaften in die Übersicht ein.

- Polyethylen - Polyvinylchlorid - Polystyrol - Polytetrafluorethylen	- Phenoplaste - Silikone	- Polyurethan

Eigenschaften

5 Nennen Sie zu den abgebildeten Gebrauchsgegenständen die verwendeten Kunststoffe und deren Eigenschaften.

Name: Klasse: Datum:

46 Geschirr

Geschirr soll attraktiv und praktisch sein. Das Geschirr soll zu den übrigen Servierausrüstungen passen, sich in das Ambiente einfügen oder es mitbestimmen.

1 Vervollständigen Sie die Übersicht über Serviceausrüstungen.

Servierausrüstungen			

2 Bezeichnen Sie das abgebildete Geschirr und ordnen Sie die fremdspachigen Übersetzungen zu.

assiette de présentation, cocotte, poêle à escargots, fondue plate, moule à soufflé

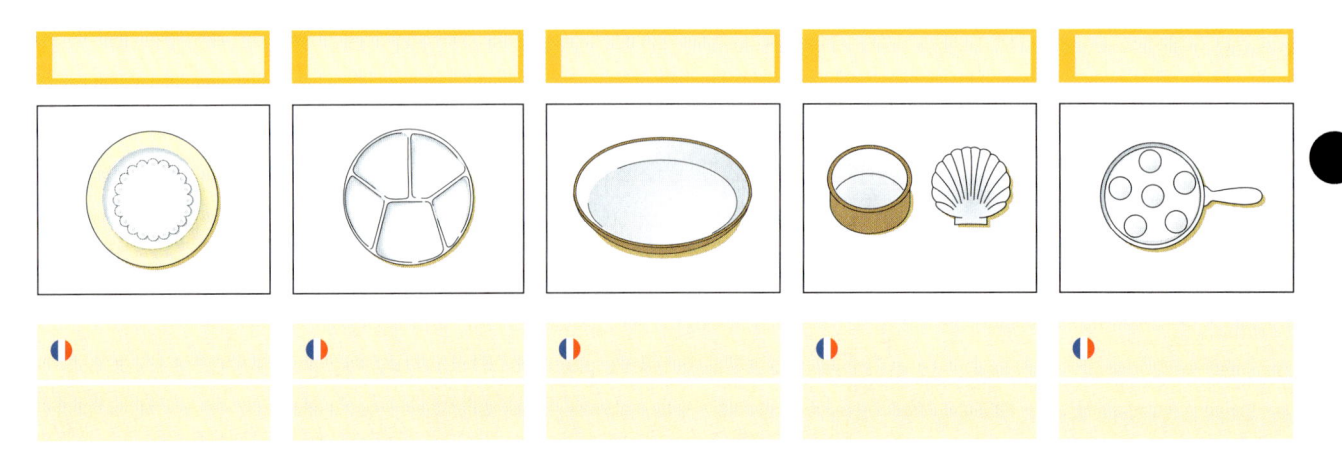

3 Tragen Sie typische Merkmale und Verwendungsarten ein.

Platzteller	Fondueteller	Auflaufform	Ragout-fin-Schale	Schneckenpfanne

4 Ordnen Sie den angegebenen Geschirrteilen geeignete Werkstoffe zu.

Platzteller	Fondueteller	Auflaufform	Ragout-fin-Schale	Schneckenpfanne

5 Ein Speiserestaurant bestellt Serviceausrüstungen zum Listenpreis von insgesamt 780,00 €. Der Lieferant gewährt 12 % Rabatt und bei Zahlung innerhalb von 10 Tagen 3 % Skonto. Ermitteln Sie den nach 7 Tagen zahlbaren Nettobetrag.

47 Bestecke

Zum fachlich richtigen Service von Speisen gehören neben den Grundbestecken auch Spezialbestecke, insbesondere bei Gourmetessen.

1 Nennen Sie die Fachbezeichnungen der aufgeführten Bestecke (deutsch, französisch, englisch) und vervollständigen Sie typische Merkmale und Verwendung.

Besteckteile	französisch / englisch	Merkmale und Verwendung
	🇫🇷 🇬🇧	Schneiden von Steaks, Verwendung anstelle vom _____ Messer, ausgeprägte Schneide, spitz zulaufend
	🇫🇷 🇬🇧	Messer mit Loch zum Aufbrechen der _____ 2-zinkige Gabel zum Herauslösen des Krebs _____
	🇫🇷 🇬🇧 🇫🇷 🇬🇧	für Schnecken im Schneckenhaus, Zange zum Halten des Schnecken _____ 2-zinkige kleine Gabel zum Entnehmen des Schneckenfleisches
	🇫🇷 🇬🇧	Nadel mit zwei gebogenen Spitzen zum Herauslösen von Hummerfleisch aus den _____, mit hinterer Rundung zum Herauslösen des Schwanzfleisches
	🇫🇷 🇬🇧	zum Vorlegen von frisch gekochten Spargel _____
	🇫🇷 🇬🇧	zum Entnehmen des Kaviars und Bestreichen von Toast, Löffel und Messerklinge aus Horn, Kunststoff und Perlmutt. Metall kann oxidieren und zur _____ führen.

2 Eine silberne Gabel ist mit 700 gestempelt und wiegt 38 g. Wie viel reines Silber enthält diese Gabel? Wie hoch ist der Materialwert des Silbers, wenn ein Silberbarren (1 kg) mit 156,00 € gehandelt wird?

Name: Klasse: Datum:

48 Serviergeräte

Im gehobenen Service werden Serviergeräte eingesetzt. Sie ermöglichen besondere Mahlzeitenformen.

1 Bezeichnen Sie die aufgeführten Serviergeräte.

2 Vervollständigen Sie die angegebenen Pflegehinweise.

Geräte	Einsatzgebiet	Pflege
_____	Flambieren von Speisen	mit _____ abwischen, polieren, Brenner und Gitter mit _____ mittel oder Metallreiniger polieren
_____	Anbieten von Fleisch, Gast wählt Menge und Größe der Fleischportion selbst	mit _____ waschen, klarem Wasser nachspülen, trocken polieren, Edelstahl mit _____ behandeln und polieren
_____	Anbieten von Getränken, insbesondere von Spirituosen, Gast wählt selbst	_____ auswischen, polieren, Plexiglas mit _____ polieren, Edelstahl mit _____ behandeln und polieren
_____	Käse,- und Fleischfondue, Gast bereitet sich am Tisch das Fonduegut selbst zu	Geschirrteile aus Keramik sind spülmaschinenfest, Fonduegerät mit _____ auswaschen, klar spülen, außen mit _____ polieren

3 Das vom Fleischwagen angebotene Roastbeef kostet 9,90 € je 100 g. Unterbreiten Sie Möglichkeiten für die Preisermittlung vor dem Gast.

4 Auf der Gastronomiemesse wird ein Fonduegerät zum Bruttopreis von 38,40 € angeboten. Drei Geräte sollen angeschafft werden. Wie hoch ist dafür der auf € abgerundete Nettopreis, wenn 20 % Messerabatt und bei Barzahlung 3 % Skonto angeboten werden?

49 Textilfaserstoffe

Textilien werden nach den verwendeten Fasern eingeteilt. Von diesen hängen entscheidend die Gebrauchseigenschaften ab.

1 Geben Sie einen Überblick über die Faserarten, die für Textilien Verwendung finden.

Faserarten			
Fasern		Chemische Fasern	
■ pflanzliche			

2 Die in der Übersicht dargestellten natürlichen Faserarten haben unterschiedliche Gebrauchseigenschaften. Tragen Sie übliche Waschtemperaturen ein, und nennen Sie Verwendungsbeispiele.

Baumwolle	kochfest, reißfest, saugfähig		
	Waschtemperatur bis		
Leinen	glatt, nicht fusselnd		
	Waschtemperatur bis		
Wolle	knitterarm, elastisch, saugfähig, temperaturausgleichend, filzend,		
	hitze- und laugenanfällig, Waschtemperatur bis		
Seide	leicht, knitterarm, hitze-, laugenempfindlich, wärmeregulierend,		
	hautverträglich, Waschtemperatur bis		

3 In Textilien finden Sie die aufgeführten Bezeichnungen. Erklären Sie Besonderheiten dieser Textilien.

- ■ Viskose:
- ■ Diolen:
- ■ Trevira:
- ■ Nylon:
- ■ Dralon:

W217
Hülle:
Bezug: 31% Micromodal/
31%Baumwolle/
38%Polyester
Füllung:100%
Polyester

Kern:
100%
Visco(PUR)

Nackenstützkissen

100% Trevira®CS

4 Ordnen Sie jeweils die richtigen Fachbegriffe zu und nennen Sie Beispiele.

Appretieren, Imprägnieren, Mercerisieren, Sanforisieren

	verbessertes Aussehen und Griffigkeit, schmutzabweisende Wirkung	
	waschfestes Durchtränken mit wasserdichten und schmutzabweisenden Substanzen	
	Vermeiden von Einlaufen und Formveränderung	
	Erzielen von Glanz, höhere Reißfestigkeit, geringe Dehnbarkeit	

Name: Klasse: Datum:

50 Reinigungs- und Pflegemittel

Reinigungs- und Pflegemittel werden in den unterschiedlichsten Bereichen des Gastgewerbebetriebes eingesetzt. Der ökologische und ökonomische Einsatz von Reinigungs- und Pflegemitteln schützt unsere Umwelt und spart Kosten.

1 Erläutern Sie Wirkungsarten von Reinigungsmitteln. Geben Sie Hinweise auf Bedeutung und Anwendung. Vervollständigen Sie dazu die Übersicht.

mechanisch	chemisch	mechanisch-chemisch
Wirkungsweise:		
Entfernen mit	Lösen von Schmutz durch Auftragen eines	Kombination von Krafteinwirkung und
Bedeutung:		
Reinigungsmittel:		

2 Untersuchen Sie den Einsatz der folgenden Reinigungs- und Hilfsmittel in Ihrem Ausbildungsbetrieb. Nennen Sie Einsatzbereiche.

- Sanitärreiniger:
- Allzweckreiniger:
- Zitronensäure:
- Viskoseschwamm:
- Scheuerpulver:

3 Erläutern Sie die alternative Reinigung von Fenstern, Wannen, Duschen und Abflüssen.

- Fenster:
- Wannen/Duschen:
- Abflüsse:

4 Sophie findet in der Tischwäsche Flecken. Sie weiß Rat, denn sie kennt die Behandlung unterschiedlicher Flecken. Sie auch? Ordnen Sie den Behandlungen jeweils die Fleckenart zu.

- Kalt einweichen, Kochsalzbehandlung, mit Waschlauge auswaschen:
- Mit Löschpapier oder Küchenkrepp ausbügeln, mit Waschlauge waschen:
- Wäsche mit Kälte behandeln, Mundeis oder Eisspray, abkratzen:
- Mit Kochsalz bestreuen, in Waschlauge auswaschen:

5 Reinigungsmittelkonzentrat muss verdünnt werden. Auf 50 l kommen 150 cl Konzentrat. Ermitteln Sie die prozentuale Konzentration.

51 Wäschepflege

Für die Wäschepflege stehen zahlreiche Handelserzeugnisse zur Verfügung. Für den Fachmann gilt es, die geeigneten Wäschepflegemittel auszuwählen und dabei auch wirtschaftliche Gesichtspunkte zu beachten.

1 Erläutern Sie die Unterschiede zwischen Waschmittel, Waschhilfsmittel und Waschpflegemittel.

Waschmittel	Waschhilfsmittel	Waschpflegemittel

2 Sie erhalten nachfolgend einen Überblick über die Waschmittelarten, ihre Wirkung und den Anwendungsbereich. Vervollständigen Sie die Übersicht.

Vollwaschmittel	enthält _____ macher, Bleichmittel, _____ schaum	für weiße Maschinenwäsche und Textilien		°C
Universalwaschmittel	für alle waschbaren Textilien außer _____ und _____	alle Temperaturbereiche		°C
Colorwaschmittel	enthält _____ schonende Substanzen, Bleichmittel und Weißmacher, nicht für Wolle geeignet	farbige Textilien		°C
Wollwaschmittel	enthält Wollpfleger, ph-neutral	manuelle und maschinelle Wäsche, für Seide geeignet;		°C
Kaltwaschmittel	kaltes bis handwarmes _____	empfindliche Textilien, z.B. Angorawolle		
Handwaschmittel	auf Seifengrundlage hergestellt, z.Z. mit Weichspüler, _____ schonend	sämtliche Textilien, Verwendung auf Reisen		

3 Bei der Arbeit in der Wäscherei fallen Max zwei Packungen mit den Aufschriften „Einweichmittel" und „Gallseife" auf. Sophie erklärt ihm die Verwendung. Was sagt sie ihm?

■ Einweichmittel:

■ Gallseife:

4 Vervollständigen Sie die Merkmale von Waschpflegemitteln und nennen Sie Anwendungsbeispiele.

		Anwendung
Stärke	Kohlenhydrat gewonnen aus Kartoffeln, Mais oder Reis	
	bewirkt _____, Füllung und _____ schutz	
Weichspüler	verhindert _____, statische _____, _____ weicher, griffiger, umweltbelastend	
Wollpflegemittel	verhindert das _____, _____ Griff	

Name: Klasse: Datum:

52 Gästezimmer

Hoteliers legen Wert darauf, ihren Gästen einen angenehmen Zimmeraufenthalt und die Voraussetzungen für einen unbeschwerten Schlaf zu schaffen.

1 Beurteilen Sie die Aufenthaltsdauer unterschiedlicher Gästegruppen im Hotelzimmer.

- Dienstreisende:
- Urlauber:
- Familie mit Kleinkindern:

2 Beschriften Sie in der Zeichnung Einrichtungsgegenstände, die in ein Hotelzimmer gehören.

- Wohnraum:
- Balkon:
- Sanitärzelle:

3 Nennen Sie Anforderungen an ein Hotelzimmer.

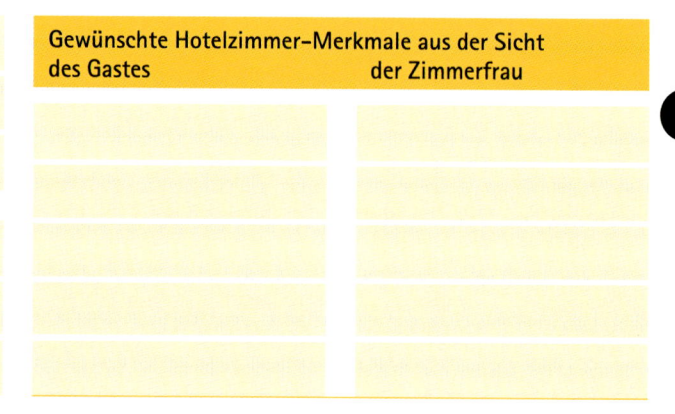

Gewünschte Hotelzimmer-Merkmale aus der Sicht	
des Gastes	der Zimmerfrau

4 Geeignete Matratzen bilden die Grundlage für einen erholsamen Schlaf, deshalb wird auf die Auswahl besonderer Wert gelegt. Um welche Matratzen handelt es sich? Beurteilen Sie Vor- und Nachteile.

Vorteile:

Nachteile:

5 Begründen Sie die folgenden Sachverhalte:

Sachverhalt	Begründungen	Sachverhalt	Begründungen
Mitunter wird auf die Tagesdecke verzichtet		Handtücher werden auf Wunsch gewechselt	
Badematten werden nicht ausgelegt		Seifenspender stehen zur Verfügung	

53 Raumpflege

Reinigungs- und Pflegearbeiten bestimmen den guten Zustand eines Hotelzimmers maßgeblich mit. Die Abreise- und Bleibezimmer müssen entsprechend den Auftragsplänen täglich gereinigt werden. Außerdem sind Arbeiten außer der Reihe zu verrichten.

1 Bei der Reinigung von Abreise- und Bleibezimmern sind gleiche und unterschiedliche Reinigungsarbeiten durchzuführen, die Sie in der Übersicht durch Ankreuzen oder Hinweise darstellen sollen.

Arbeiten	Bleibezimmer	Abreisezimmer
Zimmer lüften		
Betten lüften		
Kontrolle der Vollständigkeit		
Handtuchwechsel		
Großreinigung		
Fenster putzen		

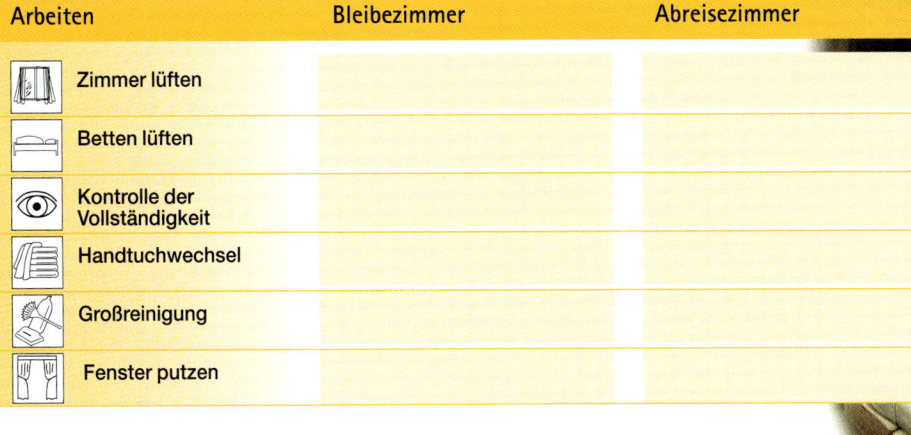

2 Beschreiben Sie die Arbeitsschritte beim Herrichten der Betten.

3 Vervollständigen Sie die Kontrollarbeiten im Sanitärbereich.

Checkliste Tagesarbeiten im Sanitärbereich

4 Eine Zimmerfrau beginnt um 7.00 Uhr mit dem Dienst und hat folgende Tagesaufgaben erhalten: 10 Bleibezimmer je 20 min Arbeitsaufwand, 6 Abreisezimmer je 30 min Arbeitsaufwand. Zur Vor- und Nacharbeit (u.a. Richten des Etagenwagens, Umkleiden) sind 30 min veranschlagt. Ihr steht eine Arbeitspause von 30 min zu. Ermitteln Sie das Dienstende der Zimmerfrau.

Name: Klasse: Datum:

54 Test/Rätsel

Schreiben Sie jeweils nur einen Buchstaben (A, B oder C) für die richtige Lösung in das Feld.

1 Die Hausdame wird mit der französischen Fachbezeichnung bezeichnet als
  A gouvernante
  B housekeeper
  C concierge

2 Das Ausgliedern von Betriebsabteilung und die Übergabe der Arbeit an Spezialfirmen wird bezeichnet als
  A Postenteilung
  B Outsourcing
  C Leasing

3 Grundbestandteile des Glases:
  A Natron, Blei, Soda
  B Ton, Feldspat, Quarz
  C Sand, Kalk, Flussmittel

4 Woraus kann ein Kaviarlöffel bestehen?
  A Horn
  B Silber
  C rostfreier Stahl

5 Eine besondere Eigenschaft von Polyethylen:
  A giftig
  B ungiftig
  C beim Verbrennen giftig

6 Zum Beschichten von Pfannen, Bügeleisen eignet sich
  A PTFE (Polytetrafluorethylen)
  B PVC (Polyvinylchlorid)
  C PUR (Polyurethan)

7 Durch Appretieren wird erreicht:
  A flauschiger Griff
  B längere Haltbarkeit
  C Oberflächenschutz

8 Neutralwaschmittel haben einen pH-Wert von
  A 7
  B unter 7
  C zwischen 8 und 14

9 Dafür verwende ich ein Kaltwaschmittel:
  A Angora
  B Leinen
  C Baumwolle

10 Rotweinflecke lassen sich einfach entfernen:
  A mit Gallseife behandeln
  B Handwaschmittel verwenden
  C mit Kochsalz bestreuen, dann in Waschlauge

11 Gallseife ist
  A eine Gesundheitsseife
  B ein Waschilfsmittel
  C ein Wollwaschmittel

12 Die Größe eines Betttuches beträgt
  A 160 x 260 cm
  B 100 x 200 cm
  C 200 x 200 cm

13 Ein Gast fragt nach Biber-Bettwäsche. Er meint damit
  A Baumwollwäsche
  B Baumwoll-Mischgewebe
  C beidseitig aufgeraute Baumwollwäsche

14 Welcher der aufgeführten Begriffe ist ein Fertigungsverfahren für Teppichware?
  A Tufting
  B Rattan
  C Reyon

Kreuzworträtsel selbst gebaut!

Ordnen Sie die folgenden Begriffe in das Schema so ein, dass sich als senkrechtes Lösungswort der Arbeitsbereich von Zimmerfrauen ergibt.

Hausdame, Büglerin, Abreise, Zimmer, Kontrolle

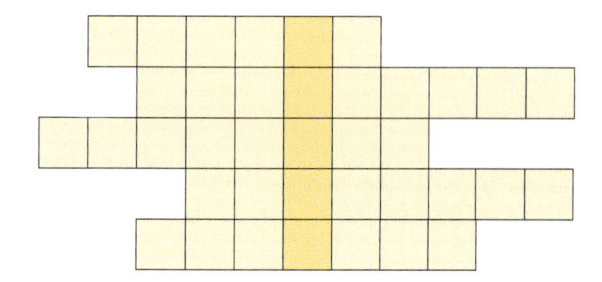

55 Warenwirtschaft

Für den gesicherten Betriebsablauf besteht im Hotel laufender Warenbedarf. Bestellungen müssen aufgegeben, Wareneingänge kontrolliert und die Lagerbestände überwacht werden. Die Waren sind sachgerecht zu lagern und zu pflegen.

1 Benennen Sie die beiden Teilbereiche der Warenwirtschaft.

2 Benennen Sie das Personal in der Warenwirtschaft eines größeren Hotelbetriebes.

3 Vervollständigen Sie den Kreislauf der Lagerwirtschaft.

- Ermittlung des _____
- Waren- _____
- Warenannahme
- Waren- _____
- Warenausgabe

4 Ziel einer gut organisierten Warenwirtschaft ist die termingerechte Bereitstellung aller benötigten Waren. Für die Warenplanung sind wichtige Fragen vorher zu beantworten. Setzen Sie dazu die fehlenden Wörter ein:

erwarten, benötigt, gegeben, bereitstehen, verfügbar, verbraucht

- Welche Waren sind vorhanden bzw. werden _____ ?
- Zu welchen Zeitpunkten müssen die Waren _____ ?
- Welcher Verbrauch ist zu _____ ?
- Welche Warenmengen werden _____ ?
- Welche Lagerflächen sind _____ ?
- Welcher Finanzrahmen ist _____ ?

5 Nennen Sie Vorteile eines elektronischen Warenwirtschaftsprogramms.

6 Ermitteln Sie die durchschnittliche Lagerdauer von Fensterputzmittel. Der Jahresverbrauch liegt bei 150 Packungen. Der durchschnittliche Lagerbestand liegt bei 18 Packungen.

7 Ermitteln Sie den durchschnittlichen Lagerbestand von Hotelseife.

Jahresanfangsbestand: 500 Stück Hotelseife; Jahresendbestand: 1.200 Stück Hotelseife

Name: Klasse: Datum:

56 Warenbedarf und Warenbeschaffung

Für den reibungslosen Betriebsablauf müssen Einkauf und Lagerhaltung aufeinander abgestimmt sein. Dabei sind Termine und Qualität zu beachten.

1 Beschreiben Sie die Ziele des Einkaufs.

2 Vervollständigen Sie die vier Schritte bei der Warenbestellung.

| | Ermittlung der Bezugsquellen | Auslösen der Bestellung | |

3 Beschreiben Sie Vorteile einer Lieferantenkartei.

4 Tragen Sie ein, wer jeweils die Transportkosten übernimmt.

- ab Werk:
- unfrei:
- frei:
- frei Haus:

5 Was ist beim Wareneinkauf zu beachten?

6 Erläutern Sie an den beiden Warenbezeichnungen den Unterschied zwischen Mindesthaltbarkeitsdatum und Verbrauchsdatum.

```
Emmentaler         45% Fett i. Tr.
Gekühlt mindestens haltbar bis:     20.10. ..
                                    L: 163      20:55
1605  Grundpreis    Einwaage        BETRAG
      4,99 €/kg     0,402 kg        2,01 €
```

```
BEEFHACK VOM RIND
Orga.Nr.: 30014-240157     Geburt:       Deutschland
Ident.Nr.: 7208            Mast:         Deutschland
ES: 203                    Schlachtung:  Deutschland
EZ: 870                    Zerlegung:    Deutschland
Bei +4°C verbrauchen bis spätestens: 10.04.
GRUNDPREIS    EINWAAGE        BETRAG
16,99 €/kg    0,522 kg        8,87
INTERMARCHÉ
Wansbergerstr. 248
22889 HAMBURG
                              240010600887
```

57 Rechtsgeschäfte, Zahlungsverkehr

Kaufverträge stellen in der Warenwirtschaft die wichtigste Art von Rechtsgeschäften dar. Die Lagermitarbeiter müssen diese Rechtsgeschäfte beherrschen.

Rechtsgeschäfte

1 Nennen Sie die Grundlage für das Zustandekommen eines Kaufvertrages.

2 Unterscheiden Sie die Arten des Handelskaufes.

Einseitiger Handelskauf	Zweiseitiger Handelskauf	Bürgerlicher Kauf

3 Kennzeichnen Sie drei Kaufarten:

- Ratenkauf:
- Barkauf:
- Kommissionskauf:

4 Unterscheiden Sie drei Kaufarten und ordnen Sie die entsprechenden Buchstaben zu.

  A Kauf zur Probe   **B** Kauf auf Probe   **C** Kauf nach Probe

Zahlungsverkehr

5 Bringen Sie die Berechnung in die richtige Reihenfolge.

Lieferantenrabatt, Bruttopreis, Skonto, Zahlpreis, Nettorechnungspreis, Mehrwertsteuer

Listenpreis
-
=
+
=
-
=

6 Durch die verspätete Lieferung von 50 Gänsen entsteht dem Betrieb durch Kauf beim anderen Anbieter ein Schaden von 8 % gegenüber dem geplanten von 32,00 € je Gans. Wie hoch ist der Schaden?

Name:　　　　　　　　　　　Klasse:　　　　　Datum:

58 Grundlagen der Buchführung

Im Gastgewerbebetrieb obliegt der Buchhaltung das gesamte betriebliche Rechnungswesen.
Dazu gehören Buchführung, Kosten- und Leistungsrechnung (Kalkulation), Statistik und Planung.

1 Was ist unter kaufmännischer Buchführung zu verstehen? Vervollständigen Sie den Merksatz, indem Sie die folgenden Begriffe einsetzen.

Veränderungen, Vermögen, Schulden, Anfangsbeständen

Unter kaufmännischer Buchführung versteht man das Festhalten von _____ an _____ und _____ sowie deren _____.

2 Warum ist die Buchführung erforderlich?

3 Erklären Sie den Begriff Bücher.

4 Beschreiben Sie Form und Zweck eines Kassenberichts.

- Form:
- Zweck:

5 Erklären Sie folgende Fachbegriffe zur Buchführung.

- Inventur:
- Inventar:
- Bilanz:
- Umlaufvermögen:
- Forderungen:
- Verbindlichkeiten:
- Schulden:
- Aktiva:
- Passiva:

6 Führen Sie mit den folgenden Bewegungen des Tages den Kassenabschluss durch.

Kassenbestand vom Vortag	325,30 €
Rechnungen	650,00 €
Einzahlungen Bank	1.500,00 €
Privatentnahme	100,00 €
Abrechnungen Service	1.275,50 €
Tagesbruttoumsatz	3.850,30 €

=	Tagesbruttoumsatz	
−	Stornierungen	
−	Rabatte	
=	Tagesnettoumsatz	
−		
−		
−		
−		
+		
=	neuer Kassenabschluss	

59 Inventur

Zu den wichtigsten kaufmännischen Arbeiten am Ende eines Geschäftsjahres gehören Inventuren.

1 Ergänzen Sie den Merksatz zur Inventur.

Unter Inventur ist der Vorgang einer _____ nach Menge und Wert des _____ und der Schulden zu einem bestimmten Zeitpunkt durch _____ Zählen und _____ zu verstehen.

2 Nennen Sie Inventurbereiche eines Hotels.

3 Erklären Sie den Unterschied zwischen Stichtagsinventuren, Monatsinventuren und fortlaufenden Inventuren.

Stichtagsinventuren	Monatsinventuren	Fortlaufende Inventuren

4 Vervollständigen Sie das Schema des Warenverbrauchs, wie es bei einer Inventur angewandt wird.

Anfangsbestand + _____ − _____ = Verbrauch

5 Erstellen Sie eine Checkliste zur Inventurdurchführung.

6 Beurteilen Sie die Tätigkeiten von Max und Sophie.

Situation: Max und Sophie führen in der Wäschekammer eine Inventur durch. Sie zählen Wäschestücke und vermerken sie als Inventar.

Name: _____ Klasse: _____ Datum: _____

60 Inventar

Das Inventar ist ein detailliertes Verzeichnis, das alle Vermögenswerte und Schulden eines Betriebes in Staffelform aufführt, während die Inventur eine Bestandsaufnahme ist.

1 Stellen Sie aus den Inventurergebnissen ein Inventar auf.

Ergebnisse einer Inventur					
Getränkelager	Wein, Sekt	4.200,00 €	Forderungen	Tagung	1.530,00 €
	Spirituosen	1.520,00 €		Catering	6.720,00 €
	Bier	550,00 €	Fremdkapital	Hypothek	50.000,00 €
	Alkoholfreie Getränke	450,00 €		Darlehen	15.000,00 €
Küchenlager	Fleisch	1.250,00 €	Verbindlichkeiten	Hausbrauerei	550,00 €
	Konserven	570,00 €		ABC-Getränke	1.250,00 €
	Gefrierkost	420,00 €		Fleischerei D	500,00 €
	Obst, Gemüse	320,00 €		Gastronomiegroßhandel	700,00 €
Einrichtung	Küche	25.760,00 €	Geldmittel	Bankguthaben	15.470,00 €
	Restaurant	21.280,00 €		Kassenbestand	3.150,00 €
	Lager	5.700,00 €	Gebäude		570.000,00 €
	Sonstige Räume	13.750,00 €	Grundstücke		125.000,00 €

Inventar

A Vermögen

I. Anlagevermögen
1. Gebäude .... 570.000,00 €
2. Grundstücke .... 125.000,00 €
3. Einrichtung
   - Küche .... 25.760,00 €
   - Restaurant .... 21.280,00 €
   - Lager .... 5.700,00 €
   - Sonstige Räume .... 13.750,00 € ...... 66.490,00 €
   - **Summe Anlagevermögen** .... 761.490,00 €

II. Umlaufvermögen
1. Warenvorräte
   - Getränkelager
     - Wein, Sekt .... 4.200,00 €
     - Spirituosen .... 1.520,00 €
     - Bier .... 550,00 €
     - Alkoholfreie Getränke ..... 450,00 € ...... 6.720,00 €
   - Küchenlager
     - Fleisch .... 1.250,00 €
     - Konserven .... 570,00 €
     - Gefrierkost .... 420,00 €
     - Obst, Gemüse .... 320,00 € ...... 2.560,00 €
2. Forderungen an Kunden
   - Tagung .... 1.530,00 €
   - Catering .... 6.720,00 € ...... 8.250,00 €
3. Bargeld .... 3.150,00 €
4. Bankguthaben .... 15.470,00 €
   - **Summe Umlaufvermögen** .... 36.150,00 €

Summe des Vermögens .... 797.640,00 €

B Schulden

I. Langfristige Verbindlichkeiten
- Hypothek .... 50.000,00 €
- Darlehen .... 15.000,00 € ...... 65.000,00 €

II. Kurzfristige Verbindlichkeiten
1. Verbindlichkeiten an Lieferanten
   - Hausbrauerei .... 550,00 €
   - ABC-Getränke .... 1.250,00 €
   - Fleischerei D .... 500,00 €
   - Gastronomiegroßhandel ..... 700,00 € ...... 3.000,00 €

Summe der Schulden .... 68.000,00 €

C Ermittlung des Reinvermögens (Eigenkapitals)

Summe des Vermögens .... 797.640,00 €
− Summe der Schulden .... 68.000,00 €
= **Reinvermögen (Eigenkapital)** .... 729.640,00 €

61 Bilanz

Der Gastgewerbebetrieb ist neben der Aufstellung eines Inventars auch zur Erstellung einer Bilanz gesetzlich verpflichtet. Der Begriff kommt vom Italienischen bilancia, was so viel wie Gleichgewicht der Waage bedeutet.

1 Vervollständigen Sie die Begriffsbestimmung.

Unter einer Bilanz ist eine kurze _____ Darstellung von _____ und _____ zu verstehen.

2 Führen Sie die Bilanz zum Inventar im Arbeitsblatt 60 durch.

Aktiva	Passiva
I. Anlagevermögen	I. Eigenkapital
	II. Fremdkapital
II. Umlaufvermögen	

3 Zusammenhang zwischen Inventar, Bilanz, Inventur und Buchführung: Setzen Sie die fehlenden Begriffe in die Übersicht ein.

[_____] → [_____ (Istbestände)] → [_____ (Sollbestände)] → [Bilanz]

führt zu .... Kontrollzahlen .... liefert Zahlen

4 Bewerten Sie die Bilanz hinsichtlich des Eigenkapitals bei Bilanzeröffnung mit der Schlussbilanz.

Eröffnungsbilanz

Aktiva			Passiva		
I. Anlagevermögen	1. Grundstück	100.000	I. Eigenkapital		682.690
	2. Gebäude	500.000	II. Fremdkapital	1. Darlehen	28.000
	3. Betriebs- u. Geschäftsausstattung	39.000		2. Verbindlichkeiten	20.000
II. Umlaufvermögen	1. Waren	46.000			
	2. Forderungen	1.500			
	3. Kasse	5.720			
	4. Bank	38.470			
Gesamt		730.690			730.690

Schlussbilanz

Aktiva			Passiva		
I. Anlagevermögen	1. Grundstück	100.000	I. Eigenkapital		675.550
	2. Gebäude	500.000	II. Fremdkapital	1. Darlehen	28.000
	3. Betriebs- u. Geschäftsausstattung	35.000		2. Verbindlichkeiten	19.300
II. Umlaufvermögen	1. Waren	46.000			
	2. Forderungen	8.250			
	3. Kasse	8.500			
	4. Bank	25.100			
Gesamt		722.850			722.850

Name: Klasse: Datum:

62 Test/Rätsel

Schreiben Sie jeweils nur einen Buchstaben (A, B oder C) für die richtige Lösung in das Feld.

1 Als Magazin wird im Gastgewerbebetrieb bezeichnet:
- A Lagerräume
- B Lebensmittellager
- C Handlager

2 Ein Disponent ist ein:
- A Magazinverwalter
- B Einkäufer
- C Angestellter mit begrenzter Vollmacht

3 Die englische Bezeichnung purchase bedeutet auf Deutsch:
- A Verkauf
- B Einkauf
- C Lieferung

4 Wenn die Verpackung mitgewogen und berechnet wird, nennt man das:
- A Brutto
- B Netto
- C Brutto für Netto

5 Skonto wird abgezogen vom:
- A Bruttopreis
- B Nettopreis
- C Listenpreis

6 Wie heißt ein Angebot auf Englisch?
- A offre
- B offer
- C order

7 Wird beim Kauf die Ware „Zug-um-Zug" bezahlt, dann nennt man das:
- A Barkauf
- B Ratenkauf
- C Kommissionskauf

8 Einseitiger Handelskauf bedeutet:
- A bürgerlicher Kauf
- B Ein Vertragspartner ist Kaufmann
- C Beide Vertragspartner sind Kaufleute

9 Welche Rechte ergeben sich aus einem Lieferverzug?
- A Schadenersatz
- B Umtausch
- C Mahnkosten

10 Kauf kleiner Mengen mit der Zusicherung, bei Gefallen größere Mengen abzunehmen, bezeichnet man als:
- A Kauf auf Probe
- B Kauf zur Probe
- C Kauf nach Probe

11 Das ist eine Inventur:
- A Bestandsaufnahme
- B Warenkontrolle
- C Kassenprüfung

12 Das ist ein Inventar:
- A Aktivkonto
- B Bestandsverzeichnis
- C Inhaltsverzeichnis

13 Was versteht man unter Leasing?
- A ausleihen
- B preiswert erwerben
- C mieten, pachten

Kreuzworträtsel selbst gebaut!

Ordnen Sie die folgenden Begriffe so untereinander an, dass senkrecht gelesen ein Fachbegriff für die wertmäßige Gegenüberstellung von Kapital und Schulden entsteht.

Bestellung, Magazin, Haltbarkeit, Statistik, Inventar, Bank

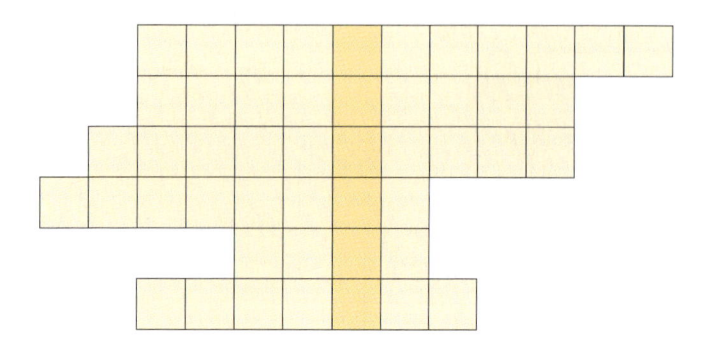

63 Mitarbeiter im Empfangsbereich

Anreisende Gäste beurteilen ein Hotel nicht unwesentlich nach ihrem ersten Eindruck. Dazu gehört zunächst die Ausstattung des Empfangsbereichs, aber gleichzeitig auch das Auftreten des Hotelpersonals.

1 Vervollständigen Sie die deutschen, englischen und französischen Namen der Mitarbeiter des Hotelempfangs und beschreiben Sie kurz deren Aufgabengebiet.

Arbeitsbereich	Mitarbeiter/in	Aufgaben
Frontoffice	🇩🇪	
	🇫🇷	
	🇬🇧 receptionist	
	🇩🇪	
	🇫🇷 caissier, caissière	
	🇬🇧	
Hallenbereich	🇩🇪 Chefportier/in	
	🇫🇷	
	🇬🇧	
	🇩🇪	
	🇫🇷 portier	
	🇬🇧	
Büro, Backoffice	🇩🇪	
	🇫🇷 secrétaire aux réservations	
	🇬🇧	
	🇩🇪 Telefonist/in	
	🇫🇷	
	🇬🇧	

Name: Klasse: Datum:

64 Informations-, Kommunikations- und Organisationsmittel

1 Erklären Sie, warum der Einsatz von elektronischen Informations-, Kommunikations- und Organisationsmitteln immer notwendiger wird.

2 Vervollständigen Sie die Angaben im folgenden Zimmer-Fluchtplan.

Bei Ertönen eines lang anhaltenden _____ tons verlassen Sie bitte umgehend Ihre _____.

Der _____ weg verläuft über die Treppe bzw. über den Notausstieg und die _____ leiter am Flurfenster. Orientieren Sie sich an den _____. Benutzen Sie _____ den Aufzug.

3 Ein Hotel hat 30 Zimmer und in den ersten 15 Tagen des Monats Mai folgende Belegung. Erstellen Sie eine Belegungsstatistik in Form eines Liniendiagramms.

Datum:

Monat Mai	1	2	3	4	5	6	7	8	9	10	11	12	13	14	15
Belegung:	15	10	11	13	19	22	7	18	17	17	13	20	24	12	0

Belegungsstatistik

(Liniendiagramm: y-Achse Belegung 0–30, x-Achse Datum 1–15)

4 Nennen Sie Organisations-, Informations- und Kommunikationsmittel, die Ihnen am Empfang zur Verfügung stehen.

■ Organisationsmittel:

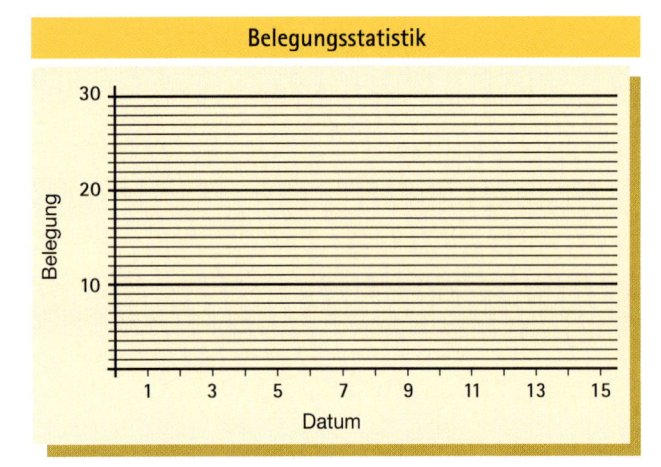

■ Informationsmittel:

■ Kommunikationsmittel:

5 Bezeichnen und erklären Sie die abgebildeten technischen Hilfsmittel.

65 Zimmerreservierung

Für das Hotelpersonal ist es vordringlich, die Reservierungswünsche der Gäste freundlich, schnell, zuverlässig und zufrieden stellend zu erfüllen.

1 Zählen Sie drei Möglichkeiten der Zimmerreservierung auf.

2 Bearbeiten Sie den folgenden Reservierungsplan und legen Sie die Zimmerbelegung fest.

Anreise am 5.:
- Fam. Müller — DZ — Abr. 7.
- Frau Frenkel — EZ — Abr. 6.
- Herr Dörfel — EZ — Abr. 6.
- Fam. Mayer — DZ — Abr. 6.

Anreise am 6.:
- Herr Klein — EZ — Abr. 7.
- Fam. Steuer — DZ — Abr. 8.
- Fam. Hübner — DZ — Abr. 7.
- Herr Ludwig — EZ — Abr. 8.

Anreise am 7.:
- Frau Siebert — EZ — Abr. 9.
- Fam. Lehmann — DZ — Abr. 10.
- Fam. Richter — DZ — Abr. 8

		4.	5.	6.	7.	8.	9.	10.
#1	EZ	Weichert						
#2	EZ		Lösche					
#3	EZ							
#4	DZ	Becker						
#5	DZ	Schubert						
#6	DZ							
#7	DZ							

3 Erläutern Sie folgende Reservierungssysteme.

- Einfaches Reservierungs- und Belegsystem:

- Halbautomatisches System:

- Computersystem:

- Erfassung der Reservierungen nach Zimmern:

- Erfassung der Reservierung nach Kategorien:

- Zentrales Reservierungssystem:

- Externe Reservierungssysteme:

Name: **Klasse:** **Datum:**

66 Gästeanreise

Viele Hotelgäste sehen dem Aufenthalt im Hotel erwartungsvoll entgegen. Sie sind gespannt auf die Ausstattung und freuen sich auf einen freundlichen Empfang durch das Personal.

1 Nennen Sie Vorbereitungsarbeiten bei Gästeanreisen.

2 Nennen Sie vier zu erledigende Formalitäten beim Gästeempfang.

3 Welche Angaben sind lt. Meldeverordnung von einem Gast zu erfassen?

4 Übersetzen Sie das Gespräch mit Herrn Hamid aus Worcester.

> Good afternoon, Mr. Hamid. Did you have a pleasant journey?

> We've reserved a room with park view for you.

> The room rate is 80 €. How would you like to pay?

5 Beschreiben Sie Ihr Verhalten als Rezeptionist in der angegebenen Situation.

Situation: Familie Hofstetter reist aus Meran an. Sie haben per Fax gebucht und finden jedoch keine Reservierung.

6 Ein Hotel hat 92 Zimmer, gestern waren diese zu 62 % belegt, 15 Gäste (Zimmer) reisen ab und heute werden 30 Anreisen erwartet. Wie viele Zimmer werden heute Abend belegt sein? Wie hoch ist die Belegungsrate?

67 Empfang eines VIP-Gastes

Jeder Hotelgast soll zuvorkommend bedient werden und sich wohl fühlen. Allerdings gibt es Gäste, denen eine ganz besondere Aufmerksamkeit zu schenken ist.

1 Beschreiben Sie die Besonderheiten eines VIP-Gastes.

2 Nennen Sie Gäste, die zu dieser VIP-Gruppe gehören.

3 Beschreiben Sie besondere Leistungen, die Sie den VIP-Gästen zukommen lassen.

4 Was ist unter einer VIP-Ausstattung des Zimmers zu verstehen?

5 Übersetzen Sie aus dem Französischen ins Deutsche:

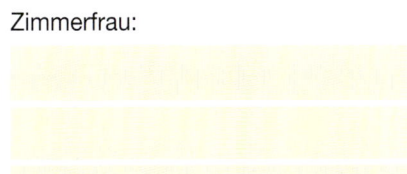

VIP-Gast: *Arrangez mon appartement pour une consultation avec six personnes.*

Zimmerfrau: *Volontiers. Désirez-vous des boissons spéciales?*

VIP-Gast: *Du café et des boissons sans alcool, pas de coca mais des jus de fruits.*

6 Für einen VIP-Gast wird extra ein Blumengebinde für brutto 50,00 € im Blumengeschäft bestellt. Ermitteln Sie den Nettopreis.

Name: Klasse: Datum:

68 Gruppenreservierung

Gästegruppen erfordern bei der Anreise andere Arbeitstätigkeiten als Einzelreisende.

1 Wodurch unterscheiden sich die Arbeitsaufgaben der Rezeption bei der Ankunft von Reisegruppen gegenüber Einzelreisenden?

2 Erklären Sie die Besonderheiten bei Gruppenreisen mit Hilfe der folgenden Begriffe:

- Gruppenpreis:
- Kommission:
- Freiplatzgebung:
- Option:
- Stornierungsfrist:
- Leistung:
- Zahlungsmodalitäten:

3 **Situation:** Eine Firma sucht vom 30.10.20... bis 02.11.20... ein Schulungshotel für 34 Betriebsangehörige. Es werden ein entsprechender Tagungsraum und Einzelzimmer benötigt.

Entwerfen Sie einen Fragespiegel zu fehlenden Informationen und einen Vertragstext (Extrablatt).

4 Eine Gruppe französischer Touristen ist angereist. Übersetzen Sie die Wünsche der Reisenden!

Ma chambre doit être à coté de celle de Madame Merlo.	Je voudrais une chambre pour non-fumeurs.	Nous pouvons prendre le petit-déjeuner à partir de quand?

69 Zimmerausweis und Schlüsselkarten

Das Aussehen des Zimmerausweises stellt in Inhalt und Form eine Visitenkarte des Hauses dar. Er wird häufig mit der Schlüsselkarte kombiniert. Für die Gäste und das Hotelpersonal ist der Zimmerausweis ein wichtiges Dokument.

1 Beurteilen Sie die Bedeutung des Zimmerausweises für den ordnungsgemäßen Hotelbetrieb.

2 Tragen Sie alle Informationen ein, die aus einen Zimmerausweis zu entnehmen sein können.

Zimmerausweis

Vorderseite — Rückseite

3 Wann ist die Vorlage des Zimmerausweises aus Sicherheitsgründen sinnvoll? Streichen Sie Falsches!

- Benutzung des Aufzuges
- Einnahme des Frühstücks
- Herausgabe der Schlüssel
- kostenlose Schwimmbadbenutzung
- Betreten des Hotels
- beim Begleichen der Rechnung
- Restaurantbesuch mit Sofortzahlung

4 Beschreiben Sie die Besonderheiten einer Schlüsselkarte.

5 Ein Hotelgast hat seine Schlüsselkarte verloren. Da seine Papiere im Hotelzimmer sind, kann er sich nicht ausweisen. Wie verfahren Sie?

6 Der Einbau einer Schlüsselkartenanlage kostet insgesamt 25.000,00 €. Das Hotel hat 250 Zimmer, ist an 350 Tagen geöffnet und hat eine Auslastung von 48 %.
Um wie viel € muss der Zimmerpreis angehoben werden, damit sich diese Investition in 2 Jahren amortisiert?

Name: Klasse: Datum:

70 Gästebetreuung

Das sichere Verwahren von Wertsachen und Bargeld schafft bei den Gästen Vertrauen und Sicherheit.

1 Erklären Sie folgende Verwahrungspflichtigkeit:

- Zimmersafe:

- Gästemietfach:

- Gemeinschaftstresor:

- Deponieren von Bargeld:

2 Unter welchen Umständen kann ein Hotelier die Verwahrung von Gegenständen ablehnen?

3 Haftung
Einem Hotelgast wurde aus dem verschlossenen Zimmer ein hochwertiger Schmuck entwendet.
Bis zu welchem Betrag haftet der Hotelier maximal, wenn der Nettobettenpreis 60,00 € je Übernachtung beträgt?
Unterstreichen Sie den Betrag und begründen Sie es.

bis zu: ■ 500,00 €   ■ 750,00 €   ■ 2000,00 €   ■ 3500,00 €   ■ 6000,00 €

4 Welche Leistungen darf ein Hotelgast im Hotel „Seeblick" erwarten?

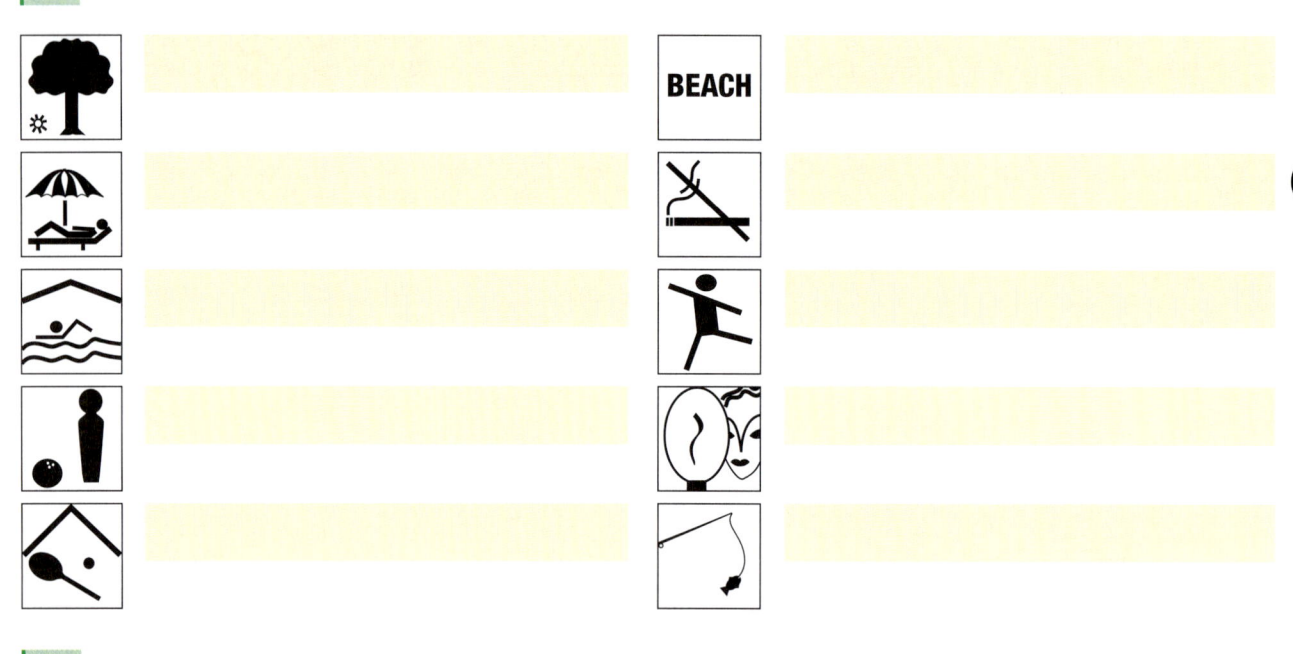

5 Die Rezeption darf für die Vermittlung von Theaterkarten 8 % Aufschlag auf den Kartenpreis verlangen. Im letzten Monat wurden folgende Karten weiterverkauft. Wie viel Vermittlungsgebühr in € kann sich die Rezeption davon gutschreiben?

- 10 x Platzgruppe A   (Kartenpreis 35,00 €)   ■ 13 x Platzgruppe B   (Kartenpreis 25,00 €)
- 14 x Platzgruppe C   (Kartenpreis 20,00 €)   ■ 8 x Platzgruppe D   (Kartenpreis 15,00 €)

71 Nachrichtenannahme

Nachrichtenannahme und Nachrichtenbearbeitung gehören zu den Serviceleistungen, die von den Hotelfachleuten kompetent und schnell zu erledigen sind.

1 Zählen Sie Nachrichten auf, die tagtäglich von Hotelfachleuten anzunehmen und zu bearbeiten sind.

2 Beschreiben Sie die Behandlung der Gästepost.

3 Übersetzen Sie ins Deutsche:

> Venez me chercher à l'aéroport. Mon avion arrive de Londres à 18 heures 30.
> Amicalement
> Annie Miller

4 Ein Hotelgast möchte eine Verbindung mit der Eisenbahn erfahren. Welche Möglichkeit haben Sie, dem Gast die richtige Auskunft zu erteilen?

5 Beurteilen Sie die beschriebene Situation:

Situation: An der Rezeption stehen viele Gäste. Ein Gast möchte von Ihnen eine Auskunft über die Bahnverbindung in ein weiter entferntes Ausflugsgebiet. Entsprechende Unterlagen haben Sie nicht sofort zur Hand, die Internetverbindung kommt nicht entsprechend schnell zustande. Die anderen Gäste werden ungeduldig. Was tun Sie?

6 Eine Zimmerbuchung wird kurzfristig storniert. Das Zimmer mit einem Zimmerpreis von 127,00 € einschließlich Frühstück kann zwei Tage nicht weitervermietet werden, deshalb müssen 80 % Stornierungsgebühren berechnet werden. Eine Ausfallrechnung über 200,00 € wird erstellt. Ist das korrekt?

7 Ein Hotelgast möchte eine Nachricht als Fax übermittelt haben. Die Sendezeit beträgt 3 min 36 s. Wie viel muss der Gast bezahlen, wenn für 20 s Sendezeit 25 cent berechnet werden?

Name: Klasse: Datum:

72 Bearbeiten von Nachrichten

Bei der Bearbeitung von Nachrichten kommt es meist auf Schnelligkeit und Genauigkeit an.

1 Beurteilen Sie verschiedene Möglichkeiten, eine Telefonnummer schnell und zuverlässig zu ermitteln.

2 Herr und Frau Richter haben in Ihrem ausgebuchten 100-Betten-Hotel ein Doppelzimmer inklusive Frühstück gebucht.
Zimmerpreis: EZ 100,00 € inklusive Frühstück
DZ 120,00 € inklusive Frühstück
Früh morgens am Anreisetag erhält der Empfangschef Herr Schuster von seiner Mitarbeiterin folgende Notiz:

für:	Hr. Schuster	Name:	Herr Rolf Richter	☑ DRINGEND!!!
Datum:	15.5.20...	von:	Herr Richter	☐ hat angerufen
Zeit:	7.³⁰	Telefon:	03 52 07 – 81 11	☑ bitte zurückrufen
Nachricht:	Kommt allein, nur EZ, Ehefrau erkrankt.			☐ ruft wieder an

Wie wird sich Herr Schuster verhalten? Kreuzen Sie die zutreffende Reaktion an.

- Sie erklären Herrn Richter, dass Sie das Zimmer nicht berechnen, da es sich um höhere Gewalt handelt.
- Sie verlangen von Herrn Richter 20 % Bearbeitungsgebühren und vergeben das Doppelzimmer sofort weiter.
- Herr Richter erhält ein EZ, das Doppelzimmer vergeben Sie an einen anfragenden Gast. Für Herrn Richter entstehen keine Kosten.

3 In welcher Höhe muss Ihr Hotel haften? Unterstreichen Sie die richtige Lösung und begründen Sie diese.

Situation: Herr Richter reist am 17. Mai 20.. an, am 18. Mai 20.. teilt er dem Rezeptionschef mit, dass aus seinem verschlossenen PKW sein Laptop im Wert von 1900,00 € entwendet wurde.

- Das Hotel haftet in Höhe von 800,00 €.
- Das Hotel haftet nicht.
- Das Hotel haftet in voller Höhe.

4 Beurteilen Sie die folgende Situation.

Situation: Frau Müller hat vor 4 Tagen angerufen und ein Zimmer reserviert. Die Buchung sollte sie per E-Mail bestätigt bekommen. Da ein technisches Problem vorlag, ist dies nicht geschehen. Aus diesem Grund verschickte das Reservierungsbüro heute die Buchungsbestätigung per Brief.

5 Gruppenpreis pro Gast im DZ beträgt 52,00 €
Einzelzimmerzuschlag 15,00 €
Reisebüro erhält 8 % Provision

Wie hoch ist der Preis für 10 DZ und 2 EZ für das Reisebüro?

73 Gästeabreise

Eine angemessene Verabschiedung rundet den Hotelaufenthalt für den Hotelgast angenehm ab. Positive Eindrücke wirken lange Zeit nach und bilden vielfach Gründe für das Wiederkommen.

1 Nennen Sie Tätigkeiten der Hotelfachleute bei der Verabschiedung.

2 Beschreiben Sie Tätigkeiten beim unterschiedlichen Buchen von Hotelleistungen:

- Hoteljournal:
- Teilautomatisches Abrechnungssystem:
- Computersystem:

3 Beurteilen Sie die vorliegende Rechnung.

HOTEL DEUTSCHLAND

Hotel Deutschland
Leipziger Str. 100
85070 Kehl- Sundheim

Fritz Wagner
Bahnhofstr. 7
01139 Dresden

Rechnung 17. Mai

Aufenthalt	15.-17. Mai
Zimmer	307
Anzahl der Übernachtungen	1
Übernachtung im EZ	150,00 €
Frühstück	15,00 €
Minibar	3,50 €
Telefon	5,00 €
Gesamtpreis:	**173,50 €**
darin enthalten 16% Mwst	23,93 €
Nettobetrag:	145,74 €

Betrag in bar erhalten *G. Walter*

Fehler/Unstimmigkeiten:

4 Erklären Sie folgende Zahlungsformen an der Rezeption bei der Gästeabreise.

- Deposit:
- Debitoren:
- Travellercheck:
- Voucher:
- Ec-cash:
- Kreditkarten:
- Splitrechnung:

Name:　　　　　**Klasse:**　　　**Datum:**

74 Buchen von Leistungen im Hoteljournal

Das Hoteljournal gibt eine Übersicht über die dem Gast erbrachten Leistungen und bildet die Abrechnungsgrundlage.

1 Schließen Sie aus dem vorliegenden Hoteljournal die Tage vom 8. zum 9. ab und übertragen Sie die offenen Leistungen auf den folgenden Tag.

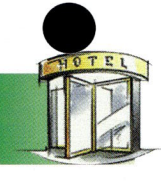

2 Tragen Sie folgende Restanten in das Hoteljournal vom 9. ein:

Restaurant: Schmidt 18,50 €,
 Herfurth 35,00 €,
Telefon: Herfurth 1,50 €,
 Schmidt 2,70 €

3 Schließen Sie das Hoteljournal von 9. zum 10. ab. Beachten Sie dabei, Herrn Herfurths Logis geht auf Ausgangsrechnung, den Rest begleicht er mit Kreditkarte. Familie Rößler zahlt ebenfalls mit Kreditkarte. Familie Schmidt bezahlt bar.

Belegung vom 07.-08.

Zi. Nr.	Name	Aufenthalt von bis	Personen	Logis	Frühstück	Telefon	Restaurant	Tagessaldo	Vortag	Gesamtpreis	Barzahlung	Kreditkarte	Ausgangsrechnung	Übertrag
410	Lehmann	07.-09.	2	180,00	15,00		27,30	222,30		222,30				222,30
317	Müller	07.-08.	1	120,00	7,50	6,50	18,80	152,80		152,80		152,80		0,00
255	Meier	07.-08.	1	120,00	7,50	8,50	22,90	158,90		158,90	158,90			0,00
290	Schmidt	06.-10.	1	120,00	7,50		35,80	163,30	146,20	309,50				-190,50
Summe			5	540,00	37,50	15,00	104,80	697,30	146,20	843,50	658,90	152,80	0,00	31,80

Belegung vom 08.-09.

Zi. Nr.	Name	Aufenthalt von bis	Personen	Logis	Frühstück	Telefon	Restaurant	Tagessaldo	Vortag	Gesamtpreis	Barzahlung	Kreditkarte	Ausgangsrechnung	Übertrag
410	Lehmann	07.-09.	2	180,00	15,00	8,50	47,30		222,30		473,10			0,00
210	Herfurth	08.-10.	1	120,00	7,50				0,00					127,50
327	Rößler	08.-11.	3	210,00	22,50				0,00					232,50
290	Schmidt	06.-10.	2	180,00	15,00				-190,50					4,50
Summe			8										0,00	

Belegung vom 09.-10.

Zi. Nr.	Name	Aufenthalt von bis	Personen	Logis	Frühstück	Telefon	Restaurant	Tagessaldo	Vortag	Gesamtpreis	Barzahlung	Kreditkarte	Ausgangsrechnung	Übertrag
195	Neumann	09.-11.	1	120,00										
210	Herfurth	08.-10.	1	120,00										
327	Rößler	08.-11.	3	210,00										
290	Schmidt	06.-10.	2	180,00										
Summe			7	630,00										

75 Gästezimmerabrechnung

1 Beurteilen Sie folgende Situation:

Herr Meier logierte drei Nächte im Hotel. Er möchte mit einer Scheckkarte bezahlen. Nach Prüfung stellen Sie fest, dass die Karte abgelaufen ist. Herr Meier meint, die neue gültige Karte zu Hause vergessen zu haben.

2 Tragen Sie die richtige Reihenfolge bei der Annahme einer Kreditkarte zum Zahlen einer Zimmerrechnung mit Hilfe eines Imprinters (Handgerät) ein, da Ihr elektronisches Kartensystem außer Betrieb ist.

- Kreditkarte des Gastes vorlegen lassen
- Rechnung dem Gast vorlegen
- Datum und Rechnungsbetrag auf dem Abrechnungsformular eintragen
- Beleg für KK-Institut und eigenen Rechnungsdurchschlag in die Buchhaltung geben

- Gast unterschreiben lassen
- Kreditkarte und den Durchschlag des Beleges dem Gast aushändigen
- Gültigkeit der Kreditkarte überprüfen
- Karte und Abrechnungsformular in das Gerät einlegen und drucken

3 Herr Swenson hat über ein Reisebüro ein Einzelzimmer reserviert, die schriftliche Bestätigung liegt Ihnen vor. Bei seiner Ankunft übergibt Herr Swenson Ihnen einen vom Reisebüro ausgestellten Voucher mit dem Vermerk „Ü/F". Was erläutern Sie Herrn Swenson? Kreuzen Sie Ihre Antwort an.

- Sie nehmen den Voucher an, da das Reisebüro für alle Kosten des Gastes aufkommt
- Nach Prüfung des Vouchers erklären Sie Herrn Swenson, dass nur Logis und Frühstück vorausgezahlt wurden.

- Das Reisebüro ist Ihnen unbekannt, Sie verlangen Vorkasse.
- Sie erklären Herrn Swenson, dass Logis, Frühstück und Telefon mit dem übergebenen Voucher abgegolten sind, sonstige Hotelkosten trägt er selbst.

4 Die Rechnung von Frau Helga Stipp beträgt 52,80 €. Sie bezahlt per Kreditkarte 55,00 €. Füllen Sie den Beleg aus.

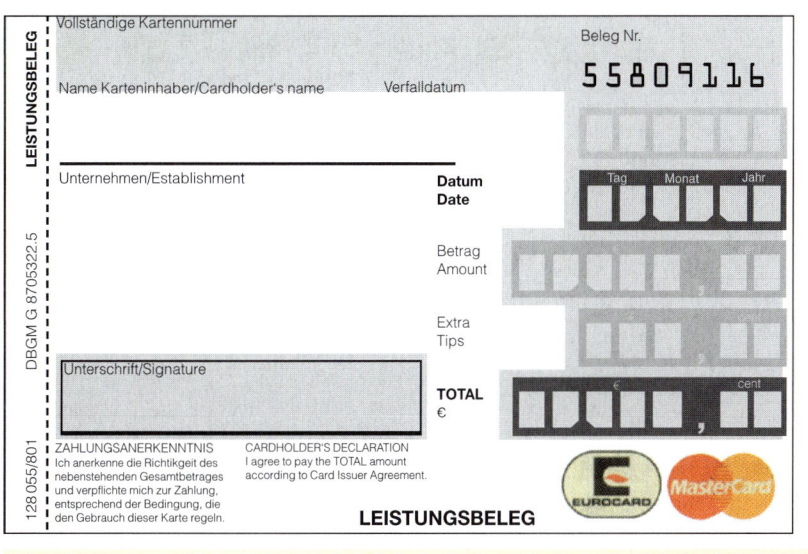

Name: Klasse: Datum:

76 Reklamationen

Reklamationen können im Betriebsablauf immer wieder auftreten. Es kommt darauf an, diese als Mittel zur Verbesserung des Betriebsablaufes zu betrachten und sie im Sinne des Gastes einfühlsam und fachkompetent zu lösen.

1 Klären Sie den Unterschied zwischen Einwand und Reklamation, indem Sie die Textlücken ausfüllen.

Einwände können _____ des Verkaufsgespräches vorkommen, im Unterschied dazu sind **Reklamationen** Beanstandungen _____ abgeschlossenem Vertrag.

2 Zählen Sie typische berechtigte Reklamationsgründe aus dem Beherbergungsbereich auf.

3 Erläutern Sie Ihr Verhalten in folgenden Situationen während eines Reklamationsgesprächs.

Situation	Verhalten
Aufgeregter Gast	
Unberechtigte Reklamation	
Berechtigte Reklamation	

4 Wie verhalten Sie sich?

Situation: Ein Hotelgast stellt bei Rechnungslegung fest, dass ihm bei der Reservierung ein niedrigerer Preis zugesagt worden ist. Wie behandeln Sie diesen Einwand?

5 Herr Wille beschwert sich bei der Empfangschefin über die Hitze im Zimmer auf Grund einer nicht funktionierenden Klimaanlage. Nach einer Entschuldigung und einem vorgeschlagenen Zimmerwechsel bietet die Empfangschefin eine Preisminderung um 20 % für die bisherigen beiden Übernachtungen an. Wie viel würde Herr Wille sparen, wenn der reguläre Zimmerpreis 102,00 € beträgt?

77 Test/Rätsel

Schreiben Sie jeweils nur einen Buchstaben (A, B oder C) für die richtige Lösung in das Feld.

1 Was ist unter der Übernachtungsfrequenz zu verstehen?
- A tatsächliche Bettenauslastung in %
- B Übernachtungskapazität
- C Übernachtungszahl

2 Ein Walk-in ist ein:
- A unangemeldeter Gast
- B Restaurantgast
- C sportlicher Gast

3 Die englische Bezeichnung night auditor bedeutet ins Deutsche übersetzt:
- A Nachtportier /-kassierer
- B Journalführer
- C Hausdiener

4 Was heißt VIP ins Deutsche übersetzt?
- A Barzahler
- B Gast des Hauses
- C besonders wichtiger Gast

5 Was sind keine Kommunikationsmittel?
- A Alarmanlage
- B Teletext
- C Kasse

6 Die übliche englische Bezeichnung für Abreise ist:
- A Check-in
- B Check-out
- C Payment

7 Wie heißt auf Englisch Anreise erwartet?
- A Departure paid
- B Arrival expected
- C Arrival checked-in

8 Erklären Sie den Begriff Kulanz.
- A Entgegenkommen
- B korrektes Handeln
- C Handeln nach Vorschrift

9 Den Gepäcktransport übernimmt üblicherweise:
- A der Empfangschef
- B das Stubenmädchen
- C der Portier

10 Welche Angaben gehören nicht in eine Gästekartei?
- A Firmenadresse
- B Familienstand
- C bevorzugtes Zimmer

11 Was ist ein Depotschein?
- A Beleg für hinterlegte Wertsachen
- B Einzahlungsbeleg bei Vorauszahlungen
- C Quittung für geleistete Dienste

12 Message bedeutet:
- A Massagegutschein
- B Botschaft/Nachricht
- C hoteleigene Kapelle

13 Fundsachen sind:
- A aufzubewahren
- B unaufgefordert nachzuschicken
- C wegzuwerfen

14 Travellercheck ist ein:
- A Reisegutschein
- B Reisescheck
- C Reisevertrag

Rätsel

senkrecht: Gästebegrüßung auf Englisch

1. Gästeeinspruch
2. Dokument für den Gast
3. Gesetzliches Dokument
4. Reisegutschein
5. Befristetes Angebot
6. Gästetresor
7. Französisch: Abreise

Name:　　　Klasse:　　　Datum:

78 Gäste und Gastlichkeit

Im Mittelpunkt aller Bemühungen stehen die Gäste. Sie sollen sich während des gesamten Hotelaufenthalts wohl fühlen. Gastlichkeit bedeutet für den Hotelier höchster Service.

1 Was erwarten Hotelgäste allgemein von einem Hotelaufenthalt?

2 Nennen Sie Beispiele für besondere Gästeerwartungen von Jugendlichen.

3 Erläutern Sie Besonderheiten eines Gästetyps und nennen Sie Beispiele.

4 Erläutern Sie den Umgang mit ausländischen Gästen.

5 Wie gehen Sie mit folgenden Gästen um?

- Unerfahrene Gäste:
- Zweiflerische Gäste:
- Sachkundige Gäste:

6 Der ungerundete Inklusivpreis eines Sporthotels im Harz beträgt 89,23 €. Ermitteln Sie den Nettopreis.

79 Umgang mit Hotelgästen

Hotelfachleute müssen sich auf die unterschiedlichen Gästegruppen einstellen. Wenn sie jeden Gast nach seinen Eigenheiten behandeln, werden sie erfolgreich sein.

1 Beschreiben Sie den Umgang mit den genannten Hotelgästen.

Gästegruppe	Fachgerechter Umgang
Geschäftsreisende	
Hotelgäste mit Kindern	
Stammgäste	
Senioren	
Behinderte	
Weltenbummler	
Touristen	
Hotelgäste mit Hund	

Name:　　　　　　　　　　　　Klasse:　　　　　Datum:

80 Verkaufsarten

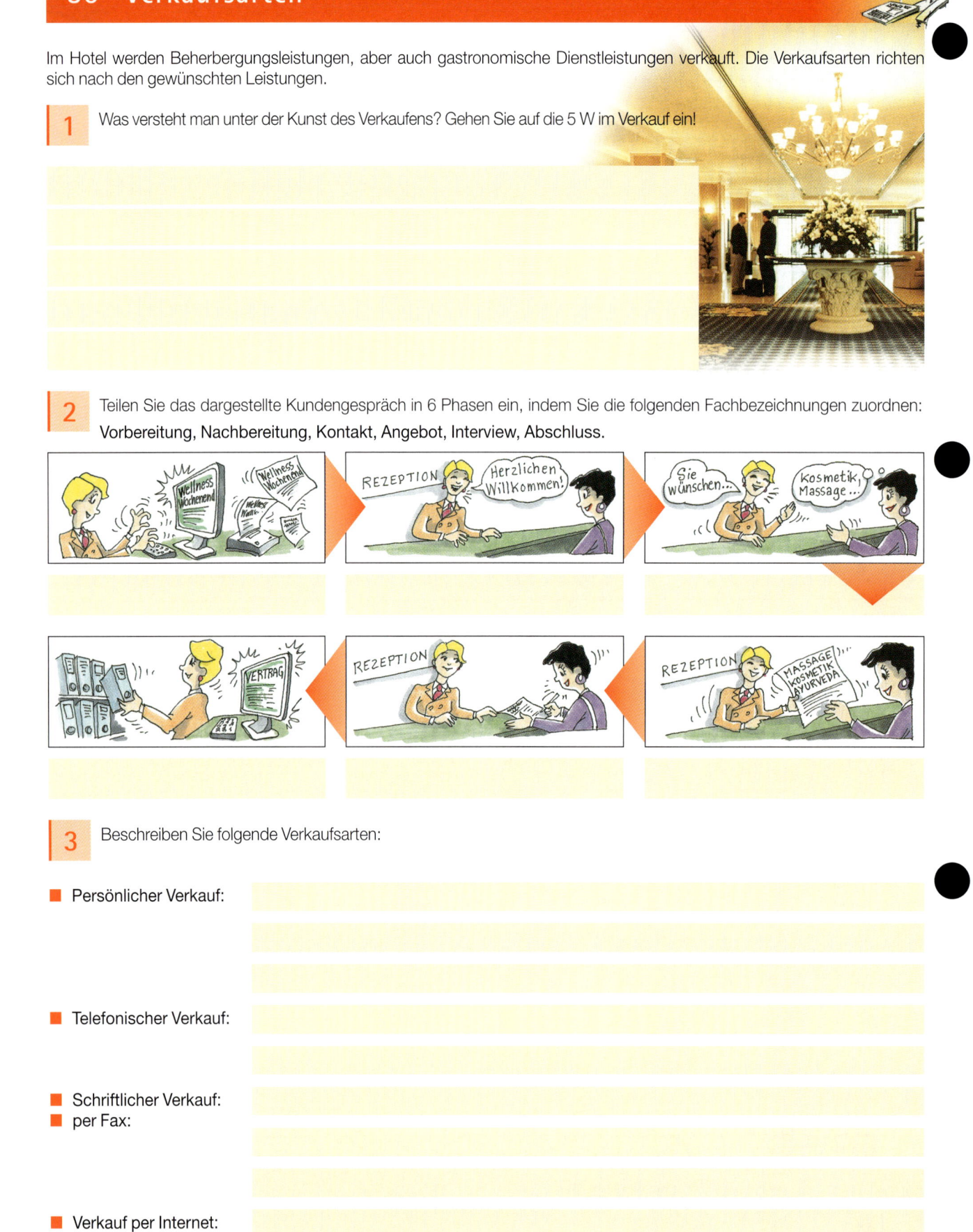

Im Hotel werden Beherbergungsleistungen, aber auch gastronomische Dienstleistungen verkauft. Die Verkaufsarten richten sich nach den gewünschten Leistungen.

1 Was versteht man unter der Kunst des Verkaufens? Gehen Sie auf die 5 W im Verkauf ein!

2 Teilen Sie das dargestellte Kundengespräch in 6 Phasen ein, indem Sie die folgenden Fachbezeichnungen zuordnen: **Vorbereitung, Nachbereitung, Kontakt, Angebot, Interview, Abschluss.**

3 Beschreiben Sie folgende Verkaufsarten:

- Persönlicher Verkauf:

- Telefonischer Verkauf:

- Schriftlicher Verkauf:
- per Fax:

- Verkauf per Internet:

81 Verkaufsgespräch

1 Nennen Sie die Leistungen, die in einem großen Hotel verkauft werden.

2 Beurteilen Sie folgende Situation:

Situation: Ein Gast ruft bei der Hotline einer Hotelkette an und möchte den Preis für ein Doppelzimmer in Hongkong wissen. Der Gast wird 3-mal verbunden. Nachdem er den Mitarbeiter darauf hingewiesen hat, dass bereits 5 Minuten vergangen sind, antwortet dieser: „Der Flug nach Hongkong dauert 12 Stunden! Wenn Sie keine Zeit haben, sollten Sie es lassen."

3 Welche Eigenschaften sind aus verkaufspsychologischen Gründen ungeeignet für ein Verkaufsgespräch? Ungeeignetes streichen:

- Freundlichkeit
- Geduld
- unsicheres Auftreten
- korrigierend
- Höflichkeit
- Hektik
- belehrend
- Aufgeschlossenheit
- Aufmerksamkeit
- Arroganz
- Hilfsbereitschaft
- sprachliche Gewandheit
- Schnelligkeit
- Fachkompetenz
- klare Sprache
- Weitschweifigkeit

4 Ihr 4-Sterne-Hotel liegt an einer verkehrsreichen Straße mit Zimmern zur Straße und zum ruhigen Hof ohne Aussicht. Ein Hotelgast fragt telefonisch nach einem ruhigen Zimmer mit guter Aussicht. Was antworten Sie? Kennzeichnen Sie die Auswahlantworten mit Ja oder Nein.

- Entweder ruhig oder gute Aussicht. Beides zusammen ist bei uns leider nicht möglich.
- Alle Zimmer haben Schallschutzfenster und Klimaanlage.
- Kein Problem, ich vermerke es auf Ihrer Bestellung.

5 Sie sind angehalten, möglichst viele Leistungen zu verkaufen. Mr. Keyter fragt an, auf welchem Weg er vom Hotel (ca. 5 km entfernt) zum Bahnhof kommt. Antworten Sie ihm auf Englisch.

6 Der Netto-Logisumsatz eines Darmstädter Hotels betrug bei 1.211 vermieteten Zimmern 54.495,00 €. Ermitteln Sie den Logisumsatz je belegtes Zimmer.

Nach Formel Lb. Hofa:

Name: Klasse: Datum:

82 Verkauf von Beherbergungsleistungen

Der Verkauf von Beherbergungsleistungen ist die Hauptaufgabe eines Hotels. Die umfassende Erfüllung dieser Aufgaben setzt u.a. genaue Kenntnisse über Kategorie und Lage der Zimmer voraus.

1 Beschreiben Sie, wie in Ihrem Ausbildungshotel der Verkauf von Beherbergungsleistungen organisiert ist.

2 Erstellen Sie eine Leistungsbeschreibung des Ausbildungshotels.

3 Beschreiben Sie folgende Kategorien:

- Single Room:
- Twin-bedded-Room:
- Double Room:
- Suite:

4 Am Sonntag, dem 2. August 20… haben Sie Dienst am Hotelempfang und telefonieren mit Frau Schulze. Frau Schulze hat mit ihrem Gatten und zwei Kindern bei Ihnen 2 Doppelzimmer vom 12. August bis 17. August 20… reserviert. Die telefonische Nachfrage von Frau Schulze bezieht sich darauf, dass die zwei Zimmer nebeneinander liegen. Wie würden Sie Frau Schulzes Wunsch realisieren?

Reservierungsliste:

August …	So 01	Mo 02	Di 03	Mi 04	Do 05	Fr 06	Sa 07	So 08	Mo 09	Di 10	Mi 11	Do 12	Fr 13	Sa 14	So 15	Mo 16
Zi. 201 DZ		Ehepaar Lehmann												Ehepaar Mayer		
Zi. 202 DZ		Ehepaar Schmidt														
Zi. 203 DZ		Frau Keller/Herr Kohl				Herr Kurz					Ehepaar Schulze					
Zi. 204 DZ		Ehepaar Maus					Ehepaar Lang									
Zi. 205 EZ		Frau Alm										Frau Geier				
Zi. 206 DZ										Kinder Schulze						
Zi. 207 DZ		Frau August und Tochter														
Zi. 208 DZ		Herr Max/Herr Schön						Familie Müller								
Zi. 209 DZ		Familie Toll									Firma Riex					
Zi. 210 EZ		Herr Paul						Herr Schwarz								

Lageplan:

205		210
204		209
203		208
202		207
201		206
	Treppenhaus	

- Es ist möglich, wenn die Kinder nach zwei Tagen umziehen.
- Es ist nicht möglich.
- Es ist möglich, wenn die Zimmerliste geändert wird.

5 Ein Urlaubshotel zählt 31.242 Gästeankünfte im Jahr und über 74.980 Übernachtungen. Ermitteln Sie die durchschnittliche Aufenthaltsdauer je Gast in Tagen. Nach Formel Lb. Hofa:

83 Hotelpreise

Hotelpreise bilden ein wichtiges Marketing-Instrument, das der ausschlaggebende Erfolgsmaßstab ist. Der Hotelgast erwartet seinerseits ein angemessenes Preis-Leistungs-Verhältnis.

1 Wovon hängen Preise ab?

2 Erläutern Sie die Gesichtspunkte für die Preisbildung stichwortartig.

Kosten	Konkurrenz	Nachfrage	Zielgruppe

3 Nach welchen Gesichtspunkten können Preisdifferenzierungen erfolgen?

4 Welche Preise müssen im Hotelzimmer angegeben werden?

5 Beurteilen Sie die Situation:

Situation: Um 22.00 Uhr kommt eine Familie mit 2 Kindern (9 und 12 Jahre) als Walk-in-Gäste und fragt nach den Zimmerpreisen. Sie bieten Folgendes an: ein DZ für 75,00 €, das Kinderzimmer für 50,00 € inkl. Frühstück. Das ist den Gästen zu teuer. Sie wollen sich anderweitig kümmern.

6 Ermitteln Sie den kostenorientierten Inklusivpreis für eine Übernachtung bei Beachtung der gesetzlichen Mehrwertsteuer.

Gesamtbeherbergungskosten: 56 433,00 €   Gewinn: 22 %   Übernachtungsanzahl: 1 094

nach Formel Lb. Hofa:

Name: Klasse: Datum:

84 Verkauf von Tagungstechnik und Tagungsversorgung

Tagungstechnik gehört zu jedem modernen Tagungsraum. Die Anschaffung ist allerdings kostenintensiv. Die Umlage der Kosten sowie ein zusätzliches Angebot von gastronomischen Leistungen sind daher betriebswirtschaftlich notwendig.

1 Vervollständigen Sie den Angebotskatalog mit typischen Leistungen in den Gruppen Konferenztechnik, Tagungsgetränke, Pausenversorgung mit Kaffee und Speisen sowie Mittagessen. Verwenden Sie dafür Angebote und Preise aus Ihrem Ausbildungshotel oder anderen Quellen.

Konferenztechnik		Preis je Tag
■ Flipchart		5,00 €
■		
■		
■		
■ Videorecorder mit Monitor		75,00 €
■ Mikrofonanlage		75,00 €

Tagungsversorgung

Tagungsgetränke		
■ Limonade	0,2 l	2,00 €
■		
■		
■		
■ Kaffee	Tasse	1,50 €
■		
■		
■		

Kaffeepausen	
■ 1 Kaffeepause mit Kaffee, Tee, Feingebäck, Joghurt oder Obst	4,00 €

Speisen	je Stück
■ diverses Hefekuchen	1,75 €
■ Plundergebäck	1,50 €
■	
■ halbes belegtes Brötchen	2,00 €
■ Obstkorb	1,50 €
■	
■	
■ 3-Gänge-Menü bzw. Lunchbüfett (nach Absprache)	19,00 €
■	
■ Tellergericht (nach Absprache)	12,00 €

Die angegebenen Preise sind inklusive der gesetzlichen Mehrwertsteuer.

85 Verkauf von Tagungen

Neben den Beherbergungsleistungen werden im Hotel weitere Dienstleistungen angeboten. Unter anderem ist dies der Verkauf von Tagungen.

1 Herr Mayer von der Firma „Musterbau" bittet um ein Angebot für die Durchführung einer Tagung mit 50 Teilnehmern am 30. August 20.. von 9-18 Uhr in Ihrem Haus. Als Tagungstechnik benötigt er einen Overheadprojektor, ein Flipchart sowie einen Videorecorder mit Monitor. Es steht ein Budget von 2000,00 € zur Verfügung.

1.1 Erarbeiten Sie einen konkreten Kostenvoranschlag anhand der vorliegenden Angebotskataloge.

1.2 Ergänzen Sie den Angebotsbrief an Herrn Mayer mit Ihren Vorschlägen.

Tagungsfakten			
Bestuhlung	Raum I	Raum II	Raum III
	60 m²	90 m²	200 m²
	maximale Personenzahl		
Theater	60	110	250
Parlamentarisch	37	65	133
U-Tafel	25	30	52
Bereitstellungskosten *)	200,00 €	300,00 €	600,00 €
Mindestumsatz **)	1.000,00 €	1.500,00 €	3.000,00 €

* In den Bereitstellungskosten ist die Standardtechnik (Overhead, Leinwand und Flipchart) enthalten. Die Bereitstellungskosten entfallen, wenn der angegebene Mindestumsatz erreicht wird.

** Bei Nichterreichen des Mindestumsatzes werden 20 % des getätigten Bankettumsatzes an Speisen und Getränken von der Raummiete in Abzug gebracht.

HOTEL DEUTSCHLAND

Angebot:

Datum: _____ Uhrzeit: _____

Name: _____ Anzahl: _____

Tagungsraum: _____ Zusätzl. Technik: _____

Gastronomische Leistungen:

	Anzahl	Angebot	Einzelpreis	Gesamtpreis
8:30		Tassen Kaffee oder Tee		
		halbe Brötchen		
		Tagungsgetränke		
12:00		Lunchbüfett		
15:30		Tasse Kaffee oder Tee		
		Plunderstück		
		Obstkorb		
		Preis pro Person		
		Gesamtpreis für 50 Personen		
		zusätzliche Kosten für Technik		
		Gesamtkosten der Tagung	max.	

Wir hoffen, dass Ihnen unser Angebot zusagt und bitten Sie bis zum … um Bestätigung.

Name: _____ Klasse: _____ Datum: _____

86 Beherbergungsvertrag

Der Beherbergungsvertrag bildet die gesetzliche Grundlage für Hotelbuchungen. Das Ziel im Beherbergungsgewerbe besteht im Abschluss von Beherbergungsverträgen. Hotelfachleute müssen über die Rechtsvorschriften Bescheid wissen und fähig sein, diese anzuwenden.

1 Geben Sie eine Übersicht über wichtige Rechtsvorschriften im Gastgewerbe, indem Sie die Übersicht vervollständigen.

- Gewerberecht:
- Lebensmittelrecht:
- Arbeits- und Tarifrecht:
- Strafrecht:

2 Welche Rechtsbestandteile enthält ein Beherbergungsvertrag?

3 Stellen Sie die Pflichten von Hotelier und Hotelgast nach Abschluss eines Beherbergungsvertrages gegenüber.

Hotelier	Hotelgast

4 Beschreiben Sie Möglichkeiten, die zum Vertragsabschluss führen können.

5 Das Hotel gewährt einer Familie für ein Pfingstarrangement einen Frühbucherrabatt von 3 %. Ermitteln Sie den Überweisungsbetrag bei einem ursprünglichen Preis von 1 873,00 €.

6 In einem ganzjährig geöffneten (365 Tage) Magdeburger Stadthotel mit 80 Betten waren 21 316 Übernachtungen zu verzeichnen. Ermitteln Sie Übernachtungskapazität und Übernachtungsfrequenz dieses Hotels.

87 Bankett als gastronomisches Angebot

Bankette sind Festessen, die aus persönlichen, gesellschaftlichen oder geschäftlichen Gründen ausgerichtet werden.

1 Vervollständigen Sie die Begriffsbestimmung Bankett, indem Sie die folgenden Wörter richtig einordnen.

Festmenü, Festbüfett, ausgiebiges, festlichen

Ein Bankett ist ein sehr _____ Essen im _____ Rahmen.

Je nach Gästewünschen wird zwischen einem _____ oder einem _____ unterschieden.

2 Zählen Sie persönliche, gesellschaftliche und geschäftliche Anlässe auf und fügen Sie geeignete Bankettarten hinzu.

- persönlich:

- geschäftlich:

- gesellschaftlich:

3 Beschreiben Sie arbeitsorganisatorische Besonderheiten des Bankettgeschäftes.

4 Vergleichen Sie das A-la-carte-Geschäft mit dem Bankettgeschäft, indem Sie die besonderen Merkmale beim Bankettgeschäft ergänzen.

A-la-carte-Geschäft	Bankettgeschäft
■ nicht planbar	
■ Absatz abhängig von Wetter, Jahres- und Tageszeit	
■ Waren aus Marktangeboten	
■ hohe Lagerungskosten	

5 Anlässlich eines Betriebsjubiläums wird ein Bankett bestellt. Für das Festmenü sind 50,00 € vereinbart. Wie viel € darf der Küchenchef für die Materialkosten planen, wenn mit 115 % Gemeinkosten, 18 % Gewinn, 14 % Bedienungsgeld und der gesetzlichen Mehrwertsteuer kalkuliert wird?

Name: Klasse: Datum:

88 Durchführung eines Banketts

Die Durchführung eines Banketts stellt besondere Arbeitsanforderungen und ist damit eine Leistungsherausforderung auch für die Küche. Gute Vorbereitungen und Absprachen mit den anderen Abteilungen sind notwendig.

1 Sie sollen mit einem Bankettbesteller die Menüabsprache durchführen, dafür haben Sie fünf Stichpunkte aufgeschrieben. Was wollen Sie mit dem Besteller im Einzelnen klären?

- Menü:

- Sonderwünsche:

- Küchentechnik/Personal:

- Getränke:

- Preis:

2 Beschreiben Sie besondere Organisationsaufgaben in der Küche.

3 Welche Absprachen werden zwischen Service und Küche getroffen?

4 Laura hat ein fehlerhaftes Mustergedeck eingedeckt. Finden Sie die Fehler.

Fehler:

5 Welche Organisationspläne sind für die Vorbereitung und Durchführung eines Banketts notwendig? Streichen Sie Unzutreffendes.

- Serviceablaufplan
- Bestuhlungsplan
- Monatsabrechnung
- Materialanforderung
- Urlaubsplan
- Dienstplan
- Hotelreservierungsplan
- Versetzungsplan Berufsschule

6 Von einem Gericht zum Preis von 35,00 € wird für ein Bankett eine Mengen- und Preisreduktion von 33 % vorgenommen. Welchen Bankettpreis darf man nach der Reduktion dafür verlangen?

89 Speisenfolgen als Angebotsform

Zum fachgerechten Angebot von Speisenfolgen gehört die Präsentation. Dabei gehen Gastronomen auf Gästewünsche ein und beraten bei der Speisenzusammenstellung und beim Serviceablauf.

1 Was verstehen Sie unter einer Speisenfolge? Vervollständigen Sie den Text durch Einsetzen folgender Begriffe:

sättigende, nacheinander, abgestimmter

Unter einer Speisenfolge ist die Zusammenstellung verschiedener kulinarisch aufeinander _____ Speisen oder Speisenteile zu verstehen, die dem Gast _____ serviert werden, eine Einheit bilden und insgesamt eine _____ Mahlzeit ergeben.

2 Beurteilen Sie das folgende Menüangebot:

> *Der Küchenchef empfiehlt für die Feiertage:*
>
> Festmenü aus regionalen Zutaten,
> frisch zubereitet
>
> Preis ohne Getränke
>
> 36,00 €

3 Der Küchenchef achtet bei allen Menüs auf Rückstellproben. Beurteilen Sie den Zweck. Falsches streichen!

- als Bestandteil der Eigenkontrolle die hygienische Herstellung dokumentieren zu können
- die laufende Qualität vergleichen zu können
- die Haltbarkeit der Erzeugnisse festzustellen

4 Beurteilen Sie die folgenden Gästewünsche:

Gästewünsche	Stellungnahme
Kraftbrühe, danach Chateaubriand	
Brokkolisuppe, danach Florentiner Art	
Cordon bleu, Kartoffelgratin	
Wiener Schnitzel, Lyoner Kartoffeln	
Ragout fin nach dem Gänsebraten	
Nach dem Backhendl als Dessert Apfelbeignets	

5 Der Preis einer Speisenfolge anlässlich eines Arbeitsessens wurde mit 35,00 € vereinbart. Über welchen Materialpreis kann der Küchenchef verfügen, wenn mit einem Kalkualtionsfaktor von 2,7 gerechnet wird?

Name: Klasse: Datum:

90 Zusammenstellung von Speisenfolgen

Speisenfolgen werden nach dem klassischen Menüaufbau gegliedert. Sie berücksichtigen die traditionellen Grundsätze und kulinarischen Regeln, beziehen aber zunehmend Forderungen einer gesunden Ernährung mit ein.

1 Vervollständigen Sie die angegebenen Gesichtspunkte, nach denen eine Speisenfolge zusammengestellt wird.

- **Gesichtspunkte des Gastgebers:** Anlass _____ , Personenzahl _____

- **Gastronomische Gesichtspunkte:** _____ der Zutaten, nach dunklem Fleisch _____ Fleisch servieren, _____ Wiederholung der _____ verfahren, Farbspiel _____ keine _____ der Speisenbindung

- **Ökonomische und ernährungswissenschaftliche Gesichtspunkte:** Jahreszeit _____ saisonale und regionale Angebote _____ , _____ Nährstoffpalette anstreben

2 Bringen Sie die Bestandteile eines Hauptgerichtes in die richtige Reihenfolge, indem Sie entsprechend nummerieren.

| Hauptbestandteil ☐ | Sauce ☐ | Garnitur ☐ | Sättigungsbeilage ☐ | Gemüse ☐ | Salat ☐ |

3 Vervollständigen Sie das Menügerippe, indem Sie die genannten Speiseteile für eine Speisenfolge ordnen:

Suppe, kalte Vorspeise, Dessert, Fisch, Appetithappen, Fleisch (Braten)

4 Beurteilen Sie folgende Portionsgrößen bei Speisenfolgen.

Beispiel Braten:
A-la-carte   Portionsgewicht 150 g
Gedeck (Drei-Gang-Menü)   Portionsgewicht 100 g
Viergängiges Menü   Portionsgewicht 80 g

5 Mitunter wünschen sich Gäste ein festliches Fischgericht. Traditionell kommt dafür Karpfen in Betracht.

5.1 Nennen Sie Anlässe, die sich für ein festliches Fischessen eignen. Begründen Sie Ihre Meinung.

5.2 Wie werden die Menüregeln bei einem Fischessen sinngemäß eingehalten?

6 Ein Silvestermenü wird zum Preis von 98,00 € angeboten. Welcher Materialpreis steht dem Küchenchef zur Verfügung, wenn mit einem Kalkulationsfaktor von 3,8 gerechnet wird?

91 Festmenü

Zwischen Weihnachten und Neujahr soll ein Hochzeitsessen vorbereitet werden. Die Brauteltern möchten das Festessen bestellen und wünschen den Küchenchef zu sprechen.

1 Bei welcher Gelegenheit empfiehlt der Gastronom ein Festmenü?

2 Der Küchenchef hat wichtige Abfragen an die Besteller.

3 Bezeichnen Sie die einzelnen Teile des Gedecks, indem Sie die Nummern benennen.

4 Beurteilen Sie das Festmenü.

> Amuse-gueule
> ❖
> Feines von der Wachtel an Périgord-Wintertrüffeln
> ❖
> Sellerieschaumsuppe mit Kräuterroulade
> ❖
> Pochiertes Filet vom Nordseesteinbutt auf Safranrisotto
> ❖
> Champagnersorbet mit Rosenblättern
> ❖
> Gebratener Wildhasenrücken auf Preiselbeer-Pfefferjus
> mit Wirsingbällchen und Kartoffeltörtchen
> ❖
> Gebackene Feige mit Orangeneis und Vanillesahne

❶
❷
❸
❹
❺
❻
❼
❽
❾

5 Welche Besteckteile müssen für das Menü aus Aufgabe 4 ergänzt werden? Welche Gänge müssen gestrichen werden, wenn nur das eingedeckte Besteck von Aufgabe 3 verwendet werden soll?

6 Empfehlen Sie korrespondierende Getränke in der Menüfolge.

7 Die Eltern haben für das Hochzeitsessen der 28 Gäste mit einem Betrag von 1400,00 € gerechnet.
Der Betrieb kalkuliert mit 155 % Gemeinkosten, 12 % Gewinn, 14 % Bedienungsgeld und der gesetzlichen Mehrwertsteuer. Welchen Materialpreis darf ein Einzelmenü haben?

Name: Klasse: Datum:

92 Büfetts

Büfettangebote sind bei Gastgebern sehr beliebt. Auch für Gastronomen sind sie vorteilhaft, da dadurch eine rationelle Angebotsgestaltung und eine gesicherte Kalkulation durch den im Voraus vereinbarten Preis möglich sind.

1 Vervollständigen Sie den Merksatz, indem Sie folgende Begriffe sinnvoll einsetzen:

kulinarisch, festlichem, Gastbereich, vorportionierten, dekorativ

Unter einem Büfett versteht man ein meist aus _____ Anlass zusammengestelltes Angebot von überwiegend _____ kalten oder warmen Speisen, die als Sortiment _____ und _____ abgestimmt auf einer Tafel im _____ präsentiert werden.

2 Zu unterscheiden sind vor allem die drei Büfettgruppen **Bankettbüfetts**, **Restaurantbüfetts** und **internationale Büfetts**. Ordnen Sie die folgenden Büfetts den drei Gruppen zu:

Kuchenbüfett, Festbüfett, Salatbüfett, Frühstücksbüfett, Brunchbüfett, Mitternachtsbüfett, Smørgåsbord, Cocktailbüfett, Stehbüfett, Sakuski-Tisch

Bankettbüfetts	Restaurantbüfetts	Internationale Büfetts

3 Ein italienisches Büfett wird vorbereitet. Dafür haben Paul und Anna Sortimente zusammengestellt. Streichen Sie Unpassendes mit stichwortartiger Begründung.

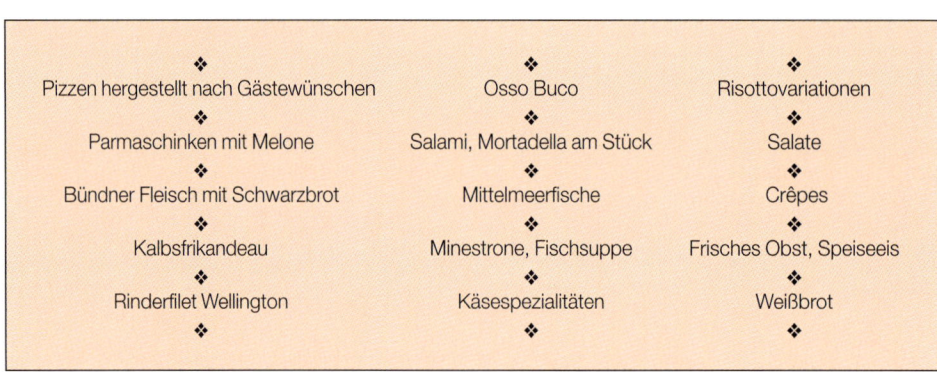

- Pizzen hergestellt nach Gästewünschen
- Parmaschinken mit Melone
- Bündner Fleisch mit Schwarzbrot
- Kalbsfrikandeau
- Rinderfilet Wellington
- Osso Buco
- Salami, Mortadella am Stück
- Mittelmeerfische
- Minestrone, Fischsuppe
- Käsespezialitäten
- Risottovariationen
- Salate
- Crêpes
- Frisches Obst, Speiseeis
- Weißbrot

4 Ein für 13 Gäste geplantes Stehbüfett soll 455,00 € kosten. 50 % der Kosten entfallen auf Getränke. Welche Materialkosten stehen je Gast zur Verfügung, wenn mit 160 % Gesamtzuschlag kalkuliert wird?

93 Büfetts zu festlichen Anlässen

Festessen werden oft als kalt-warme Büfetts gewünscht. Durch das Verkaufsgespräch werden Gästewünsche genau erfasst und die vereinbarten gastronomischen Leistungen genau beschrieben. Durch klare Vorstellungen über den Ablauf des Festes sind Voraussetzungen für die Zufriedenheit der Gäste nach Abschluss der Festlichkeit gegeben.

1 Nennen Sie persönliche, gesellschaftliche und geschäftliche Anlässe für die Durchführung eines Büfetts.

- persönlich:
- gesellschaftlich:
- geschäftlich:

2 Als Verantwortlicher sollen Sie das Verkaufsgespräch mit dem Besteller eines Büfetts führen. Welche Informationen müssen Sie vom Kunden erfahren?

3 Beschreiben Sie die Vorteile eines Büfetts für Gäste und Gastronomen.

- Gäste:
- Gastronomen:

4 Wie reagieren Sie auf besondere Situationen und Speisewünsche?

| Gäste kommen zu spät | kein Schweinefleisch | Sonderwünsche |

5 Auslastungsgrad der Zimmer
Ein Stadthotel führt häufig Feierlichkeiten in Form von Hochzeiten, Geburtstagen u. Ä. durch. Gleichzeitig wird das Hotel aus diesem Anlass als Übernachtungsmöglichkeit gebucht. Das Hotel mit 80 Zimmern und 340 Öffnungstagen hatte im Jahr 16 500 Vermietungen. Errechnen Sie den prozentualen Auslastungsgrad der Zimmer.

Name: **Klasse:** **Datum:**

94 Schriftverkehr mit Gästen

Ein wichtiges Tätigkeitsfeld der Hotelfachleute ist der Schriftverkehr. Dabei sind Normen einzuhalten. Die Gäste erwarten eine schnelle, umfassende und freundliche Antwort auf die Fragen.

1 Nennen Sie Briefarten, die von Hotelfachleuten zu beantworten sind.

2 Erarbeiten Sie nach der telefonischen Reservierungsannahme eine Reservierungsbestätigung in Form eines Briefes (kein Vordruck) an Herrn Janik. Der Brief ist nach DIN 5008 zu erstellen. Einige Reservierungsdaten sollen in Tabellenform gestaltet sein.

HOTEL DEUTSCHLAND

Hotel Deutschland · Postfach 323 · 01913 Dresden

Ihr Zeichen, Ihre Nachricht vom   Unser Zeichen, unsere Nachricht vom   Telefon, Name   Datum

Telefonische Zimmerreservierung

Anreise am:	18.2. Uhrzeit: bis 19 Uhr Abreise am: 21.2.
Personen:	3
Zimmerzahl:	1 EZ 1 DZ / 3-Bett-Zi.
Bemerkungen:	DZ Nichtraucher
	Reservierungsbestätigung mit
	Anreiseskizze und Hotelprospekt an:
Name/Firma:	Janik, Josef
PLZ/Ort:	1220 Wien
Straße:	Fellnergasse 33
Telefon:	Fax:
Gastname: Herr/Frau/Familie	Janik
Besteller: Herr/Frau	Janik
Selbstbezahler: [X]	Ausgangsrechnung: [ ]
Rechnungsanschrift: (falls mit obiger nicht identisch)	
Preis:	DZ = 148,- € inkl. Frühstück
	EZ = 98,- € " "
Sonstige Vereinbarungen:	3 x Dresden Card á 18,- €
	an Rezeption bereitlegen
Reservierung angenommen am: 19.11.	von: Müller

95 Rechtsvorschriften

Rechtsvorschriften bilden eine wesentliche Grundlage für die Tätigkeit im Gastgewerbe. Der Hotelfachmann muss die wichtigen Vorschriften kennen und anwenden können.

1 Nennen Sie Situationen in Ihrer Arbeit, in denen Sie sich direkt auf Rechtsvorschriften berufen.

2 Erläutern Sie die besonderen gesetzlichen Vorschriften bei Gewährleistungen, Pressemitteilungen, Sicherungsmaßnahmen.

■ Gewährleistung:

■ Pressemitteilungen:

■ Sicherungsmaßnahmen:

3 Beurteilen Sie folgende Handlungen nach der Rechtmäßigkeit:

Handlung	Beurteilung
Verspätete Anreise bei 6. p.m. – Buchung – Zimmer bereits vergeben	
Stornierung einer Feierlichkeit, einen Tag bevor die Feier stattfinden sollte – 50 % des Menüpreises werden in Rechnung gestellt	
Nichtanreise – Zimmer mit Frühstück konnte nicht verkauft werden, 100 % des Preises werden in Rechnung gestellt	

4 Eine Zimmerbuchung wird kurzfristig storniert. Das Zimmer mit einem Zimmerpreis von 127,00 € einschließlich Frühstück kann zwei Tage nicht weitervermietet werden, deshalb müssen 80 % Stornierungsgebühren berechnet werden. Eine Ausfallrechnung über 200,00 € wird erstellt. Ist das korrekt?

Name: **Klasse:** **Datum:**

96 Test/Rätsel

Schreiben Sie jeweils nur einen Buchstaben (A, B oder C) für die richtige Lösung in das Feld.

1 Wodurch wird ein Bankett eingeleitet?
- A Aperitif
- B Digestif
- C Kaffee

2 Ein Bankett ist für die Zeit von 17 bis 19 Uhr geplant. Worum wird es sich handeln?
- A Festbankett
- B Cocktail-Empfang
- C Pressekonferenz

3 Unter einem „Tagungs-Set-up" ist zu verstehen:
- A Tagungseinladung
- B Tagungsablauf
- C vom Tagungsgast benötigte Dinge

4 Für welche Veranstaltungen eignet sich das Angebot von Fingerfood?
- A Pressekonferenz
- B Cocktail-Empfang
- C Bälle

5 Welche Bankettform empfehlen Sie für die Neueinführung eines industriellen Erzeugnisses?
- A Festbankett
- B Cocktail-Empfang
- C Stehempfang

6 Nennen Sie Gründe für die Einbeziehung von Catering in die Bankettplanung.
- A Arbeitserleichterung
- B niedrigere Kosten
- C höhere Hygienestandards

7 Das sind die Aufgaben des Partyservice:
- A Verkauf über die Straße
- B Ausgestaltung von Feiern im eigenen Heim
- C Ausgestaltung von Cocktailpartys

8 Welchen Zweck haben Bankettmappen?
- A Werbemittel, Hilfsmittel
- B Hilfsmittel, Dokumentation
- C Dokumentation, Verkaufsgespräche

9 Worauf ist beim Standort eines Büfetts zu achten?
- A gut sichtbar, gut erreichbar
- B etwas versteckt als Überraschung
- C im gekühlten Raum

10 Nach welchen Prinzipien wird ein Büfett aufgebaut?
- A nach der Menüfolge
- B nach der Verdaulichkeit
- C nach dem Farbspiel

11 Wann sollten die Speisen auf ein Büfett gestellt werden?
- A beim Büfettaufbau
- B 2 Stunden vor Eintreffen der Gäste
- C 30 min vor Eintreffen der Gäste

12 Was ist unter einem Cocktailbüfett zu verstehen?
- A Büfett mit alkoholischen Getränken
- B Spezialitätenbüfett
- C Snackbüfett

13 Wie lange dauert ein Stehbüfett?
- A 60 min
- B 60-120 min
- C 120-240 min

14 Wie lange dürfen die Speisen auf einem Büfett ohne Kühlung stehen?
- A 60 min
- B 120 min
- C 240 min

Rätsel

Lösungswort: Tätigkeit beim Verkauf

1 Arbeitsraum
2 Ausländische Zahlungsmittel
3 Geldwert einer Ware/Dienstleistung
4 Vorstufe einer Reklamation
5 König im Hotel
6 Engl.: Überbuchung
7 Unverbindliches Verkaufsgespräch

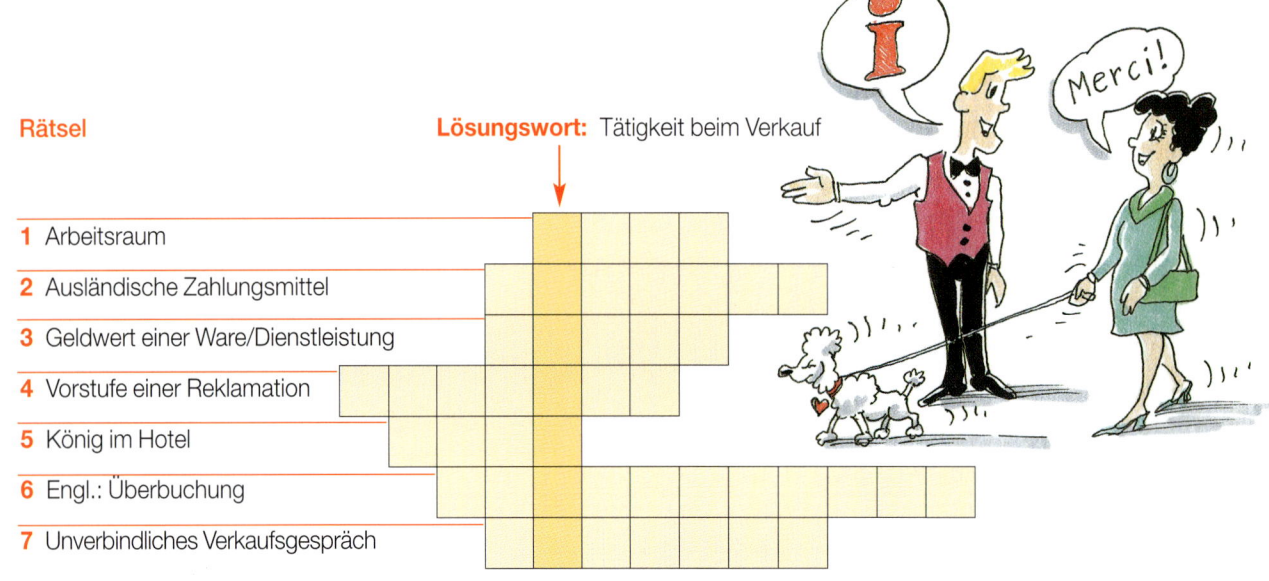

97 Organisationsmittel, Kontrollarbeiten

Beim Marketing des Touristenlandes Deutschland ist ein einheitliches und zugleich differenziertes Bild zu vermitteln. Das Bild bezieht sich allgemein auf Deutschland und speziell auf seine Regionen.

1 Erklären Sie den Begriff Tourismus.

2 Nach neueren Untersuchungen sind Beherbergungsbetriebe an strategischen Standorten, wie an Flugplätzen oder in Innenstadtlagen, von Gästen besonders gefragt. Wie erklären Sie sich das?

3 Was erwarten Touristen vom Reiseland Deutschland?

4 Fertigen Sie auf Extrablättern eine Marktanalyse nach folgenden Gesichtspunkten an:

4.1. Bezeichnung der Region
4.2. Geografische und wirtschaftliche Besonderheiten
4.3. Touristische Besonderheiten
4.4. Verteilung der Gastronomie
4.5. Besondere Traditionen…
4.6. Ausflüge in die Umgebung
4.7. Öffentliche Verkehrsmittel
4.8. Reisegründe der Touristen
4.9. Was ist verbesserungswürdig?

5 Beurteilen Sie Ihr Ausbildungshotel hinsichtlich der touristischen Bedeutung:

Hotel: Öffnungszeiten:

Lage und Klima:

Verkehrsverbindung:

Ausflugsziele:

Preisliste/Eintritt:

6 Entwickeln Sie nach nebenstehendem Beispiel einen Werbeprospekt DIN-A 5 geklappt, in dem Sie auf touristische Schwerpunkte Ihrer Heimat eingehen.

7 Eine Familie aus Dänemark bezahlt die Hotelrechnung in einem Schwarzwald-Hotel in dänischen Kronen. Wie viel dKr muss sie bei der Rechnung über 812 € bezahlen?

Hotelkurs: 1 € kostet Ankauf 7,1 dKr   Verkauf 7,8 dKr

Name: **Klasse:**   **Datum:**

98 Hotelklassifizierung

Die Hotelklassifizierung im Beherbergungsgewerbe bezieht sich allgemein auf den Gesamtbetrieb, dabei bilden die Gästezimmer das Grundelement des Leistungsangebots.

1 Erörtern Sie die Vorteile der Hotelklassifizierung für Gäste und Hoteliers.

- Gäste:
- Hoteliers:

2 Erläutern Sie die DEHOGA-Klassifizierung, indem Sie die folgenden Textlücken ausfüllen:

- In Deutschland hat die DEHOGA ein markt_____, _____ System entwickelt, das sich an _____ Standards orientiert.
- Deutschlandweit wurde eine _____, _____ Klassifizierung geschaffen.
- Grundlage sind _____, _____ Gesichtspunkte wie Zimmerausstattung und Dienstleistungsangebot.

3 Ergänzen Sie die Bezeichnungen. Geben Sie jeweils eine Kurzbeschreibung.

1 Stern ★	_____	→ Unterkunft für	_____	Ansprüche
2 Sterne ★★	_____	→ Unterkunft für	_____	Ansprüche
3 Sterne ★★★	_____	→ Unterkunft für	_____	Ansprüche
4 Sterne ★★★★	_____	→ Unterkunft für	_____	Ansprüche
5 Sterne ★★★★★	_____	→ Unterkunft für	_____	Ansprüche

4 Zählen Sie drei bekannte Hotelführer auf und nennen Sie Inhalte und Funktionen der Hotelführer.

5 Übersetzen Sie den Satz und erklären Sie den Wunsch des englisch sprechenden Anrufers.

I'd like to book a single room in a budget hotel.

6 Ein Komfort-Familienhotel mit 50 Zimmern und 346 Öffnungstagen hatte 11 000 Vermietungen. Ermitteln Sie den prozentualen Auslastungsgrad.

99 Budgetierung

Durch das Budget wird die Entwicklung eines Hotelbetriebes zahlenmäßig dargestellt. Budgetierung ist dann wirkungsvoll, wenn sie planmäßig angewandt wird.

1 Vervollständigen Sie die Begriffsbestimmung für die Budgetierung.

Das Hotelbudget ist der _____ plan eines _____ betriebes und enthält deshalb die zur Verfügung stehenden _____ mittel des Beherbergungsbetriebes für einen bestimmten _____ .

2 Welche Aufgaben hat die Budgetierung?

3 Nennen Sie Daten, die für die Budgetierung herangezogen werden.

4 Erläutern Sie die Bedeutung der Budgetierung für die Motivierung der Mitarbeiter.

5 Beurteilen Sie folgende Situation. Welche Lösungsvorschläge würden Sie unterbreiten?

Situation: Im renommierten Hotel Altes Europa werden die im Budget für die Logisabteilung geplanten Personalkosten überschritten. In einer Beratung mit den Mitarbeitern wird über die Einhaltung des Personalbudgets beraten.

6 Die Aufwendungen für Werbebudgets betragen in der Regel 2 bis 4 % vom Umsatz. In welchen Fällen wird man mehr Geld für Werbemaßnahmen verwenden?

7 Ein Hotel plant für das Werbebudget 3 % des Umsatzes und gibt monatlich durchschnittlich 1056,00 € dafür aus. Ermitteln Sie die Höhe des jährlichen Umsatzes.

Name: **Klasse:**   **Datum:**

100 Stärken-, Schwächenanalyse

Bei Leistungsanalysen ist es wichtig, das wirtschaftliche Umfeld zu betrachten.
Das kann durch ein Stärken- und Schwächenprofil als Teil einer Marktanalyse erfolgen.

1 Nennen Sie die Ziele einer Stärken- und Schwächenanalyse.

2 Zählen Sie Beispiele für Stärken eines Hotelbetriebes auf.

3 Beurteilen Sie die Feststellung eines Hotelchefs: „Alles was bei uns keine Stärken sind, müssen wir als Schwächen ansehen."

4 Erstellen Sie nach folgender Vorgabe (Werteskala 0-6) ein Stärken- und Schwächenprofil für Ihr Ausbildungshotel.

Bewertungsgesichtspunkte		Gewichtung	Gesamtwert	
			Soll	Ist
1. Lage	Verkehrsverbindung			
	Sehenswürdigkeiten			
	Lage (ruhig?)			
2. Gastronomie	Restaurant			
	Bar			
	Minibar			
3. Hotelzimmer	Raumgestaltung			
	Raumklima			
	Raumausstattung			
	Techn. Ausrüstung			
	gesamt absolut			
	prozentual		100 %	

5 Beurteilen Sie in der geschilderten Situation die Schwächen und zeigen Sie Möglichkeiten auf, diese für die Gäste akzeptabel zu gestalten.

Situation: Der Logisbereich wird renoviert. Das betrifft die gesamte 2. Etage und für einen Tag den Wellnessbereich. Außerdem wird von 8.00 bis 17.00 Uhr mit Baulärm zu rechnen sein.

Schwäche	Maßnahme

6 Bei einem Stärken- und Schwächenprofil sind 390 Soll-Punkte zu erreichen. Tatsächlich erreicht werden nur 253. Ermitteln Sie den prozentualen Gesamtwert.

101 Verkaufsförderung

Mit der Verkaufsförderung soll der Absatz durch zusätzliche außergewöhnliche Anreize vergrößert werden.

1 Erklären Sie den Begriff Verkaufsförderung, indem Sie die Textlücken ausfüllen.

Die Verkaufsförderung stellt ein _____ instrument dar. Sie ist eng mit der _____ verbunden. Darunter sind alle Maßnahmen zu verstehen, die den _____ erhöhen. Die Maßnahmen richten sich an das eigene _____ , an die _____ von Hotelleistungen und an die potenziellen und anwesenden _____ .

2 Nennen Sie Maßnahmen zur Verkaufsförderung.

■ Heranziehende Maßnahmen (Pull-Maßnahmen), die direkt den Einzelnen anlocken, z. B.:

■ Anbietende Maßnahmen (Push-Maßnahmen), z. B.:

■ Personalbezogene Maßnahmen, z. B. durch Personalschulung über:

3 Was verstehen Sie unter gezielten Aktionen? Nennen Sie Beispiele.

4 Beschreiben Sie Maßnahmen der Gästebindung!

5 Entwerfen Sie eine Checkliste für die Planung einer Aktion.

6 In einem Familienhotel können während der Winterferien zwei Kinder bis 12 Jahre im Zimmer der voll bezahlenden Eltern unentgeltlich übernachten. Im Allgemeinen betragen die Kosten für 12-jährige Kinder 50% vom Aufbettungspreis. Der Aufbettungspreis entspricht 1/4 vom Zimmerpreis, der bei 90 € liegt. Mit welcher Kosteneinsparung kann eine Familie je Tag rechnen?

Name: **Klasse:** **Datum:**

102 Angebote für Busreisende

Der Bustourismus stellt innerhalb des Inlandtourismus einen Wachstumsbereich dar.

1 Nennen Sie typische Arten von Bustouristen.

2 Beschreiben Sie das besondere Verhalten von Busreisenden.

3 Nennen Sie mögliche Probleme bei ausländischen Busreisenden.

4 Ein Hotel wirbt bei der Zielgruppe „Busreisende" mit einem Schnupperwochenende. Erläutern Sie dieses Angebot.

5 Bieten Sie selbst ein Schnupperwochenende an. Formulieren Sie dazu ein Angebot (evtl. auf Extrablatt).

Schnupperwochenende im Hotel zum Thermalbad

Anreise:

Abreise:

Im Preis enthalten:

Wir freuen uns auf Ihren Besuch.

6 Als Schnupperangebot werden zwei Übernachtungen für 2 Personen anstatt für 480,00 € für nur 320,00 € angeboten. Hinzu kommen ein Begrüßungscocktail, unentgeltliche Nutzung der Wellness-Landschaft sowie ein festliches Abendessen. Ermitteln Sie die prozentuale Preisreduktion, wenn die zusätzlichen Leistungen unberücksichtigt bleiben.

103 Events

Gäste wünschen vom Gastgewerbe Dienstleistungen, die über Essen, Trinken und Beherbergung hinausgehen. Seit geraumer Zeit sind Events, die sich durch Erlebnisorientierung und Einmaligkeit auszeichnen sollen, im Trend. Sie stellen eine besonders aktuelle Art des Marketings für das Hotel- und Gastgewerbe dar.

1 Was verstehen Sie unter einem Event?

2 Nennen Sie Themenbereiche für die Gestaltung von Events.

3 Geben Sie die Planungsstufen eines Events an.

❶ Situationsanalyse

4 Erläutern Sie Gestaltungsvorschläge für folgende Events:

- Cocktail-Meeting:
- Dixieland-Abend:
- Muttertags-Brunch:

5 Endlich wieder Matjeszeit! Vom 28. Mai bis 5. Juli ist Saison.

5.1 Was ist ein Matjes?

5.2 Entwickeln Sie ein Konzept, wie der Matjes in Ihrem Restaurant zum Event wird.

6 Die Übernachtungskapazität eines Hotels beträgt 6 400 Übernachtungen. Durch zahlreiche durchgeführte Events steigt die durchschnittliche Bettenfrequenz im vergangenen Jahr von 73 % auf 85 %. Wie viel zusätzliche Übernachtungen waren das?

Name: **Klasse:**   **Datum:**

104 Wellness-Hotel

In Deutschland gibt es eine „Wohlfühlwelle". Potenzielle Hotelgäste interessieren sich verstärkt für einen Wellness-Urlaub.

1 Erklären Sie den Begriff Wellness unter Zuhilfenahme eines Wörterbuches.

2 Nennen Sie Mindestanforderungen an ein Wellness-Hotel.

3 Nennen Sie die Ziele eines Wellness-Urlaubs.

4 Hotelfachfrau Sonja beschäftigt sich mit Wellness, da ihr Ausbildungshotel Wellness-Programme anbieten will. Leider sind ihre Notizen durcheinander gekommen. Ordnen Sie den Wellness-Angeboten die richtigen Fachbezeichnungen zu.

Ayurveda, Autogenes Training, Progressive Muskelentspannung, Rasulbad, Yoga, Akupressur, Aphroditebad, Aquagymnastik, Aromatherapie, Fußreflex-Zonenmassage, Hamam, Heubad

Massageform an bestimmten Körperstellen zur Verminderung von Beschwerden	Erotisch anregendes Bad mit Meeresalgen zur Hautpflege	Bewegungstraining im Wasser, meist mit Musik, gelenkschonend
Heilende Wirkung durch ätherische Öle im Wasser, in der Sauna und bei Massagen	Entspannungsmethode mit besonderer Atemtechnik	Indisches Ganzheits-Baderitual mit Einseifen, Wassergüssen. Natürliche Heilmittel. Vier-Hände-Massagen
Behandlung von Energiepunkten an den Füßen mit Wirkung auf Organe	Türkisches Schwitzbad, Baderitual mit Einseifen, Wassergüssen, Massage bei Wärme und hoher Luftfeuchte	Einwickeln in feuchtes, etwa 40 °C warmes Heu, wirkt durchblutend, entschlackend
Muskulatur wird zunächst stark angespannt, um sie dann wieder zu entspannen	Orientalisches Dampfbad mit Heilschlamm und Kräuterbad gegen Stress, Verspannung und Schlafstörungen	Körperbewusste Gymnastik nach indischer Bewegungsphilosophie

5 Der Netto-Logisumsatz eines Wellness-Hotels betrug bei 890 vermieteten Zimmern 53 400,00 €. Ermitteln Sie den Logisumsatz je belegtes Zimmer.

105 Fiesta espanol

Viele Menschen reisen nach Spanien in den Urlaub. Angenehme Reiseerinnerungen begleiten sie noch Jahre danach im Alltag. Hoteliers versuchen diese Reiseerinnerungen zu beleben.

1 Suchen Sie weitere Gründe für die Ausrichtung eines spanischen Events.

2 Nennen Sie Merkmale der spanischen Lebensart.

3 Essen und Trinken wie in Spanien. Unterbreiten Sie Vorschläge für die gastronomische Umsetzung.

4 Feiern wie in Spanien (Spanische Nächte). Erstellen Sie Vorschläge für einen Event.

- Dekoration im Empfang und Gastraum:
- Tafelschmuck:
- Veranstaltungszeit:
- Begrüßung der Gäste:
- Büfett:
- Unterhaltung:

5 Können die Beherbergungsleistungen ebenfalls auf die Thematik eingestellt werden?

6 Sie erhalten die Aufgabe, im Rahmen des spanischen Events zu dekorieren. Nennen Sie typische Dekorationselemente.

7 Das Event-Hotel mit 346 Öffnungstagen hatte 36 330 belegte Zimmer und beschäftigte 6 Mitarbeiter. Ermitteln Sie die belegten Zimmer je Vollbeschäftigten.

Name: Klasse: Datum:

106 Test/Rätsel

Schreiben Sie jeweils nur einen Buchstaben (A, B oder C) für die richtige Lösung in das Feld.

1 Englisch: Aufmerksamkeit erregen:
  A Attention
  B Interest
  C Action

2 Bedingung für erfolgreiche Verkaufsgespräche:
  A Sprachgewandtheit
  B Zeit
  C Fachkompetenz

3 Übliche Fachbezeichnung für die Einbeziehung aller Mitarbeiter:
  A Kollektivarbeit
  B Teamarbeit
  C Gruppenarbeit

4 Englisch: Interesse wecken:
  A Interest
  B Inquest
  C Intercept

5 Leitspruch, Überschrift einer Aktion:
  A Motto
  B Event
  C Thema

6 Gastronomie, die Aktionen anbietet
  A Nobelgastronomie
  B Systemgastronomie
  C Erlebnisgastronomie

7 Überwinden der Anonymität gegenüber dem Gast:
  A persönliche Vorstellung
  B Namensschilder
  C Funktionspläne

8 In welcher Situation können Aktionen kaum helfen?
  A in verkaufsarmen Zeiten
  B bei besonderen Ereignissen
  C bei sinkendem Qualifikationsstand der Mitarbeiter

9 Unter „thematischen Aktionen" versteht man:
  A Aktionen unter ein Motto gestellt
  B Aktionen mit Gesprächsrunden
  C Aktionen in einem bestimmten Zeitraum

10 So können die besonderen Wünsche und Bedürfnisse der Gäste ermittelt werden!
  A durch Literaturstudium
  B durch gezielte Befragungen
  C nur nach den Umsätzen

11 Das sind die Ziele von Auswertungen der Aktionen:
  A Erfüllung von Auflagen der Behörden
  B Umsatz- und Kostenermittlung
  C Bewertung der Mitarbeiter

12 Nennen Sie eine Aktion, die Sie anlässlich der Neueröffnung einer Lobbybar starten würden.
  A Teenachmittag
  B Sektempfang
  C Stehimbiss

13 Suchen Sie ein Aktionsthema für den Winter aus.
  A Spargelwochen
  B Aus dem Jagdrevier
  C Neuer Matjes ist da

14 Wie kann es bei Aktionen zu unerlaubtem Wettbewerb kommen?
  A durch gesundheitsbezogene Werbung
  B durch kleine Werbegeschenke während der Begrüßung
  C durch kostenlose Kulturdarbietungen

Rätsel

Lösungswort: Ort, an dem sich Anbieter und Nachfrager treffen

1 Luxuriöse Ausstattung
2 Staatliche Kurortbezeichnung
3 Synonym für Fremdenverkehr
4 Bevorzugtes Verkehrsmittel
5 Gästezimmerkategorie

107 Motivation, Führungsstil, Training

Auch für den Hausdamenbereich gilt, dass der betriebswirtschaftliche Erfolg eines Hotels maßgeblich von der Führung und Leitung beeinflusst wird. Ziel ist es, die Einstellung und Haltung der Mitarbeiter im Interesse der Zufriedenheit der Gäste zu formen.

1 Nennen und erklären Sie wichtige Inhalte der Führungstätigkeit an je einem Beispiel.

- Koordinierung:
- Unterstützung:
- Training:
- Beurteilung:
- Mitarbeiterbetreuung:

2 Die Motivation der Mitarbeiter kann durch materielle und immaterielle Leistungsanreize erfolgen. Tragen Sie dazu Beispiele in die Übersicht ein.

Materielle Leistungsanreize	Immaterielle Leistungsanreize

3 Beurteilen Sie die Arbeit von Sophie. Ist sie gut auf ihre Aufgabe vorbereitet?

Situation: Sophie wird erstmals auf der Etage eingesetzt. An ihrer Seite arbeitet eine erfahrene Zimmerfrau, um Sophie die Arbeitsschritte zu erläutern und das richtige und schnelle Handling zu vermitteln.

4 Ordnen Sie jeweils zu: Training im Beruf (training on the job) oder Training für den Beruf (training off the job).

- Trainingsprogramm für Auszubildende:
- Auslandseinsatz:
- Demonstration:
- Lehrunterweisungen:
- Schulische Projektgruppen:

5 Im innerbetrieblichen Leistungsvergleich erhält die beste Zimmerfrau ein Präsent im Werte von 30,00 €. Das sind 3 % des Monatsverdienstes. Wie hoch ist der Monatsverdienst der Zimmerfrau?

Name: Klasse: Datum:

108 Erstellen eines Etagen-Dienstplanes

Für die reibungslose Arbeit auf der Etage sind wöchentliche Dienstpläne ein unverzichtbares Organisationsmittel. Darin sind das eingesetzte Personal und sein Einsatz in einem bestimmten Zeitraum aufgeführt.

1 Zählen Sie Hilfsmittel auf, die zur Dienstplanerarbeitung benutzt werden.

2 Erstellen Sie eine Leistungsmaßstab-Durchschnittsstudie nach dem angegebenen Schema.

2.1 Tragen Sie selbst ermittelte oder betriebliche Werte ein.

Leistungsmaßstab-Durchschnittsstudie-Doppelzimmer (min)		
Tätigkeit	Bleibezimmer	Abreisezimmer
Betten machen		
Staub wischen		
Aufräumen		
Staub saugen		
Hotelzimmerartikel bestücken		
Bad reinigen		
Summe		

2.2 Ermitteln Sie die Tagesleistung einer Teilzeitkraft (6 Std.), wenn mit gleicher Anzahl von Bleibe- und Abreisezimmern zu rechnen ist.

2.3 Wovon sind die Leistungsmaßstäbe abhängig?

3 Nennen Sie Gesichtspunkte, von denen die Dienstplangestaltung abhängt.

4 Erläutern Sie Gründe für die Erstellung eines Vertretungsplanes.

5 Beschreiben Sie Besonderheiten eines Urlaubsplanes.

6 Ermitteln Sie die Bettenauslastung eines Kurhotels mit 45 Betten, das 320 Tage im Jahr geöffnet hat. In dieser Zeit waren 9 082 belegte Betten zu verzeichnen.

109 Organisationsmittel, Kontrollarbeiten

Für die bestmögliche Planung und Organisation des Betriebsablaufes werden Organisationsmittel eingesetzt. Kontrollen sind ein wichtiges Führungsmittel zur Aufgabenerfüllung und zur Einhaltung von Qualitätsstandards. Dabei sind Eigenkontrollen und Kontrollen durch Leitungsmitarbeiter zu unterscheiden.

1 Zählen Sie die Kontrollaufgaben der Hausdame auf.

2 Kennzeichnen Sie die richtige Reihenfolge (von 1-12) der Abarbeitung dieser Checkliste für den Nassbereich (Bad):

- Reinigen der Fliesen
- Toiletten reinigen
- Spiegel polieren
- Dusche oder Wanne reinigen
- Hygieneeimer entleeren
- Utensilien auffüllen
- Fußboden wischen
- Zahnputzgläser waschen, polieren
- Tür reinigen
- Toilette einweichen
- Handtücher entfernen
- Waschbecken reinigen

3 Beurteilen Sie folgende Situation:

Situation: Die Hausdame führt eine Zimmerkontrolle durch. Dabei stellt sie fest, dass die Gardinen ein Brandloch haben. Wie wird sich die Hausdame verhalten?

4 Im Hotel bricht Feuer aus!

4.1 Welche Möglichkeiten der innerbetrieblichen Kommunikation im Brandfall gibt es?

4.2 Nennen Sie weitere Brandschutzkommunikationsmittel aus Ihrem Hotel.

5 Eine Fremdfirma berechnet für die Zimmerreinigung in einem 50-Zimmer-Hotel je gereinigtes Zimmer 2,10 €. Wie viel berechnet die Firma bei einer Bettenauslastung von 74 %.

Name: **Klasse:** **Datum:**

110 Test/Rätsel

Schreiben Sie jeweils nur einen Buchstaben (A, B oder C) für die richtige Lösung in das Feld.

1 Ein Dienstplan wird im Allgemeinen im Voraus erstellt für
- A 1 bis 2 Wochen
- B 1 Monat
- C 1 Quartal

2 Was sind Aufdeckdienste?
- A Spätdienste
- B Frühdienste
- C Aushilfskräfte

3 Kontrolle erfolgt bei:
- A Abreisezimmern
- B jedem Zimmer
- C ausgewählten Zimmern

4 Bedeutung der Checklisten für Arbeitskontrollen:
- A Systematik der Arbeit
- B Nachweis für Gäste
- C schriftliche Unterlagen

5 Welcher Kernsatz gilt für das „kooperative Führungsprinzip"?
- A So wird's gemacht!
- B Wir erarbeiten eine Konzeption!
- C Welche Meinung haben Sie?

6 Was ist unter Kommunikation zu verstehen?
- A Rücksprachen
- B Meinungsunterschied
- C Verständigung, Information

7 Was heißt autoritär?
- A überzeugend
- B Gehorsam fordernd
- C fortschrittlich

8 Übersetzen Sie entraînement.
- A Kontrolle
- B Anreiz
- C Training

9 Was bedeutet Management by Delegation?
- A Unterstützung der Hausdame
- B Einweisung von Auszubildenden
- C Aufgabenübertragung

10 Wer ist verantwortlich für Zimmerkontrollen?
- A Zimmerfrau
- B Hotelchef
- C Hausdame

11 Welches Ziel haben Leistungsanreize?
- A Motivation
- B gutes Arbeitsklima
- C materielle Besserstellung

12 Wer ist für Lehrunterweisungen im Hausdamenbereich verantwortlich?
- A Chef
- B Chefportier
- C Hausdame

13 Übersetzen Sie den Begriff femme de chambre.
- A Hausdame
- B Zimmerfrau
- C Auszubildende

14 Übersetzen Sie den Begriff gouvernante.
- A Hausdame
- B Zimmerfrau
- C Kinderfrau

Rätsel

Lösungswort: Maßnahme, die wirkungsvoller als Vertrauen ist, Vertrauen jedoch nicht ersetzen kann.

1 Kontrollbogen
2 Anerkennung
3 Übung
4 Antrieb, Beweggrund
5 Fachkraft für Hotelzimmer
6 Zusammenarbeit
7 belegtes Gästezimmer
8 Fahrbarer Tisch
9 Fachkraft für Pflanzen